colección acción empresarial

TODO
SUMA

Ángel Aledo
Prólogo de Santiago Álvarez de Mon

TODO
SUMA

MADRID   BARCELONA
MÉXICO D.F.   MONTERREY
BOGOTÁ   BUENOS AIRES
LONDRES   NUEVA YORK

Colección Acción Empresarial de LID Editorial Empresarial, S.L.
Sopelana 22, 28023 Madrid, España - Tel. 913729003 - Fax 913728514
info@lideditorial.com - LIDEDITORIAL.COM

A member of:

EAN-ISBN13: 9788483568156
Directora editorial: Jeanne Bracken
Editora de la colección: Nuria Coronado
Edición: Maite Rodríguez Jáñez
Maquetación: produccioneditorial.com
Corrección: Noelia Jiménez
Fotografía de portada: © makkayak / iStockphoto.com
Diseño de portada: El Laboratorio
Impresión: Cofás, S.A.
Depósito legal: M-23.412-2013
Impreso en España / *Printed in Spain*

Primera edición: septiembre de 2013

Te escuchamos. Escríbenos con tus sugerencias, dudas, errores que veas o lo que tú quieras. Te contestaremos, seguro: queremosleerteati@lideditorial.com

«Liderar es crear un entorno, una organización,
una empresa, un mundo, al que las personas
deseen pertenecer».

Robert Dilts

«Los hombres no viven juntos porque sí, sino
para acometer juntos grandes empresas».

José Ortega y Gasset

Índice

Prólogo

En mi calidad de profesor del IESE conocí a Ángel Aledo como director de Recursos Humanos de una conocida multinacional. En nuestras aulas del campus de Madrid se impartía un programa para un selecto grupo de directivos que contó con la coordinación, liderazgo, empuje e iniciativa de Ángel. En él los profesores encontramos un interlocutor serio y profesional, al mismo tiempo que una persona cercana y cálida.

Cumplida una fase importante de su carrera profesional, celebro sinceramente esta iniciativa literaria del autor que le ha animado a plasmar por escrito algunas de sus reflexiones e intuiciones más significativas. En *Todo suma* Ángel Aledo vierte su dilatada experiencia con un estilo que aúna sentido común, profundidad, realismo y delicadeza.

Desde su propio trabajo de campo, en primera línea de fuego, el autor aborda las grandes cuestiones relacionadas con una función estratégica y controvertida, la dirección de Recursos Humanos, siempre expuesta a un debate sobre su alcance y naturaleza. Políticas salariales, cultura corporativa, la comunicación en la empresa, la gestión de talento, los planes de sucesión y carrera, procesos de evaluación y *feedback,* la responsabilidad social corporativa, el cuadro de mando integral, la misión de Recursos Humanos... el menú no se deja nada en el tintero. Todos los grandes retos y cuestiones del factor humano en la empresa son analizados por el autor, casi nada escapa a su ojo atento y crítico.

De una forma ágil y sencilla, apoyándose en múltiples ejemplos extraídos de su historia personal, sacados de la realidad más inmediata y desafiante, Ángel somete al lector a un interesante y práctico ejercicio de renovación y aprendizaje. El hecho de que se apoye en sus viajes al extranjero, en la riqueza de sus contactos y relaciones, enriquece el texto, amén de afrontar el desafío de la diversidad cultural en un mundo global e interdependiente con sensibilidad y rigor.

En definitiva, en *Todo suma* el lector inquieto y curioso encontrará un análisis fundado y actualizado sobre la función de Recursos Humanos en la empresa moderna, escrito con la autoridad de la primera persona del singular.

Mi más sincera enhorabuena al autor por su coraje y generosidad y a LID Editorial Empresarial por su apuesta por una obra necesaria y oportuna.

Santiago Álvarez de Mon
Profesor del IESE

Agradecimientos

A Marta, Beatriz, Natalia, Juan Carlos, Laura, Pablo, Carol y Lucas por no haber dejado de animarme y de confiar en mí en todo momento.

A Rafa Cabarcos y Plácido Fajardo, por proporcionarme anécdotas de su experiencia profesional que completaban las mías.

A Juan Carlos de la Osa, mi *coach,* que además me dio magníficas ideas sobre el enfoque de este libro.

A Elena Fuica, por la primera revisión de *Todo suma.*

A Lourdes, mi mujer, siempre incondicional, apoyándome, ayudándome y haciéndome sentir el mejor en todos los proyectos que emprendo.

A las empresas para las que he trabajado (Renault, Heineken, Acciona y Otis), que me han dado la oportunidad de practicar todo lo que sé, me dejaron innovar en Recursos Humanos y me permitieron aprender de mis aciertos y de mis errores.

Y a los escasos muy buenos jefes que he tenido, con mención especial a Fernando Coello, Hans Wesseling, Fernando Prieto y Mario Abajo, que han sido ejemplos a seguir y me han demostrado que se puede ser un excelente profesional y una excelente persona al mismo tiempo.

Introducción

Después de intensos años de experiencia en recursos humanos en distintos entornos nacionales y multinacionales, en España y fuera de ella, en empresas españolas, europeas y americanas, en situaciones de crisis económica y de crecimiento acelerado, con proyectos empresariales muy consolidados o justamente en mitad de una fusión, con equipos directivos inmaduros centrados en su poder y también con extraordinarios ejecutivos comprometidos con el éxito de la empresa y no con el suyo personal, mi experiencia me fue enseñando qué es lo que todas las situaciones tenían en común.

Que el éxito de la empresa está ligado a la existencia de un proyecto ilusionante que genere orgullo de pertenencia en directivos y empleados y que logre el compromiso de todos para dar lo mejor de uno mismo para su consecución.

Cuando se logra esa situación en una empresa, se logra la magia de que todo sume. Así, el resultado de la suma del trabajo de dos empleados motivados cuando trabajan juntos en un proyecto que les ilusiona es mucho más que dos.

Basado en esta idea he tratado de seleccionar, de entre todas las funciones básicas de recursos humanos, aquellas que están más relacionadas con lograr el compromiso de empleados y directivos para desarrollarlas en este libro.

Mi deseo es que, leyéndolo, directores generales, directores de línea, directores y empleados de Recursos Humanos, encuentren ideas aplicables que hagan más fácil lograr en sus empresas que todo sume para que 1+1 sea igual a 3.

¡Suerte y éxito! ¡Intentarlo merece la pena!

1 | Políticas salariales e incrementos de sueldo anuales

Hay muchas formas de entender qué es una empresa en una sociedad avanzada como es la de hoy en día.

En las empresas se ha oído con mucha frecuencia eso de que «el objetivo de la empresa es ganar dinero». Sin embargo, la hipótesis de partida de este libro es que:

El objetivo de la empresa es proporcionar un producto o servicio a la sociedad que satisfaga necesidades importantes de la vida de las personas y por el que los clientes estén dispuestos a pagar una cantidad tal, que permita a la empresa obtener beneficios sostenidos en el tiempo.

De hecho, todos los emprendedores que surgen hoy en día en la sociedad tienen como objetivo primario hacer un mundo mejor a través de un producto o servicio de su interés o conocimiento y en base al cual montan su empresa, siendo solo el objetivo secundario ganar dinero.

Abundando en la idea, felizmente para la humanidad, ni el fuego, ni la energía eléctrica, ni la rueda, ni la gasolina, ni el teléfono móvil, ni los ascensores, ni Internet, etc. se inventaron para ganar dinero, lo que no impide que hoy en día muchas empresas facturen inmensas cantidades por ello.

Pero sea en una empresa consolidada o en una incipiente, los costes del personal son siempre (junto a los de las compras) uno de los gastos fijos y más altos en la estructura de costes de la compañía, con valores que habitualmente rondan el 40% de todos los gastos de la empresa, lo que justifica sobradamente que se preste enorme atención a este asunto.

La otra cara de la moneda es que para los empleados su salario suele ser también su principal fuente de ingresos y, por tanto, miran con la máxima atención las reglas que la empresa sigue para la distribución del incremento de sueldo y el incremento particular que cada uno recibe.

No vamos aquí a hablar de la importancia de que la empresa disponga de una política salarial que exprese dónde quiere situar la retribución de sus empleados en relación con el mercado de referencia; o de lo fundamental de contar con sistemas de valoración de puestos para fijar lo más profesionalmente posible cuál es la retribución adecuada para cada puesto de trabajo; o de disponer de sistemas de incentivos que premien la consecución de los objetivos de la empresa sin poner en peligro sus valores fundamentales; aquí vamos a centrarnos en algunas dinámicas básicas que hay detrás del aumento de sueldo anual, que suele ser un motivo de debate y de conversación recurrente en todas las empresas.

Y es que, una vez recibido el aumento de sueldo anual, este no suele ser el elemento más importante de compromiso de los empleados con el proyecto de la empresa, pero si dicho asunto no está bien resuelto, la incidencia de los demás puede reducirse dramáticamente, lo que justifica que hablemos de ello en primer lugar.

Veamos un ejemplo.

Dubái, 2007. La Dirección General en los Emiratos Árabes Unidos de una empresa multinacional reclama una subida salarial media del 50% con una inflación en el país del 7%. La empresa aprobó la propuesta.

¿Nos hemos vuelto locos? No, en los países árabes no hay mano de obra suficiente debido a la escasa población autóctona, de modo que es preciso importarla de Asia, India principalmente.

En India el salario medio para ese tipo de trabajadores era de 400 dólares al mes. Para atraerlos a Dubái se les ofrecía doblarles su sueldo local, es decir 800 dólares al mes, con gran éxito de atracción. Pero India se convierte en un país de alto crecimiento y alta demanda de mano de obra, reclamando a sus expatriados su vuelta a casa a través de ofrecerles un sueldo un 50% superior (600 dólares) y en casa.

Frente a un retorno masivo de indios desde Dubái a la India, perdiendo su el *know how* (saber hacer) y sobre todo retrasando la ejecución de los proyectos, con el consiguiente enfado de los clientes, la empresa acepta pagar en Dubái de nuevo el doble que en India, es decir, salarios medios de 1.200 dólares mes, lo que supone un ¡50% más que el año anterior!

La conclusión es que la política salarial no es ajena al entorno: normalmente estará ligada a la inflación local, pero la cada vez mayor globalización hace que puedan darse casos extremos.

Es la teoría de los vasos comunicantes de la física aplicada a los salarios: mientras los países permanecen aislados, las subidas salariales solo tienen en cuenta elementos locales, pero en la medida en que los países se interconectan, los sueldos tienden a igualarse muy rápidamente.

Un ejemplo de países no conectados es España respecto a Turquía. En Turquía los salarios puede ser un 15% superiores a los españoles, pero difícilmente ello impactará en los sueldos en España.

Un ejemplo meridianamente claro de países conectados es la Unión Europea: España no puede decidir ninguna política salarial sin tomar la referencia de qué está pasando en el resto de Europa. Cada vez con más frecuencia se tomarán los índices de inflación o crecimiento del PIB de Europa para marcar las tendencias a aplicar en España.

Otro ejemplo claro de países conectados, además del que hemos visto de la India y los Emiratos Árabes Unidos, con la influencia explicada en la anécdota, es el dramático caso de Egipto, con salarios un 50% inferiores a los de sus vecinos en Arabia Saudí y muy interconectados por la carencia de mano de obra saudita en este país y la buena calificación profesional de los egipcios. El impacto salarial cada vez que un egipcio se desplaza a trabajar a Arabia Saudí es altísimo y, una vez acostumbrado a su sueldo, no digamos cuando regresa a Egipto.

El fenómeno de los vasos comunicantes en los salarios es claramente una de las ventajas de la globalización para los empleados de países en vías de desarrollo, dado que el crecimiento salarial es rapidísimo.

En este momento, por tanto, enhorabuena a los empleados de países como China, Marruecos o India.

Para las empresas, sin embargo, contratar empleados de fuera de un país y con menores sueldos que los locales es una ventaja competitiva que dura menos tiempo cada vez.

En empresas internacionalizadas, un reto añadido es por tanto explicar por qué en Dubái se sube el sueldo un 50% sin pestañear y en Europa/España nos peleamos hasta la huelga por una diferencia de décimas en el entorno del 2% de subidas salariales.

Otro ejemplo: Arabia Saudí, 2006. Fallece el rey Faizal. Le sustituye el rey Abdullah.

La dirección de Recursos Humanos de una empresa recibe una llamada del director general local comunicando que el nuevo rey ha pedido que todas las empresas del país suban ¡un 15% el sueldo a todos sus empleados para celebrar su coronación!

¿Cómo? ¿Que el rey va a decidir la subida salarial de nuestros empleados en Arabia Saudí? ¿Estamos locos? Sí, lo estamos.

Primera reacción: chequear la información con la embajada.

—Sí señor —contesta la embajada—, le confirmo que hay que proceder a actuar como el rey ha ordenado.

—¿Hay alguna documentación escrita (algo similar al BOE en España) que me permita chequear esta decisión?

—Perdón, señor, esta decisión es palabra de rey, no hay ni habrá nada que sustente la misma, sencillamente debe aplicarse.

Segunda reacción: analizar el impacto financiero de esta decisión. De aplicarse, los beneficios de la compañía al final del año se reducirían ¡al 50% respecto del año anterior!

Decisión final de la multinacional después de múltiples teleconferencias, correos electrónicos y reuniones internacionales: al no haber nada escrito, el nuevo rey no explicitó la fecha de aplicación del aumento salarial (¿enero? ¿Julio?), ni los años a lo largo de los cuales se procedería al aumento (¿5% anual durante los siguientes 3 años? ¿5% este año y 10% el siguiente?), ni si era de aplicación solo para saudíes o para todos los empleados extranjeros también, ni si era de aplicación solo a empresas públicas o también a empresas privadas.

Así que al final de la historia no se aplicó ningún aumento salarial con motivo de la coronación del nuevo rey.

Conclusión, los cambios salariales aislados del contexto tienen muy poca probabilidad de ser llevados a cabo. El mundo hoy está tremendamente interconectado.

Pero en las subidas salariales también tienen mucho impacto las percepciones personales. Un caso práctico: España, 2011. Una empresa de 5.000 empleados y con un coste medio por empleado (sueldo+costes sociales) de 40.000 euros al año tiene que hacer su propuesta de subida salarial para el convenio colectivo.

El director general sabe que el coste total de la plantilla es de 5.000 empleados x 40.000 euros/empleado = 200 millones de euros. Cada 1% que suba el sueldo significa 2 millones de euros más que debe facturar la empresa para seguir igual, con la misma plantilla.

Por tanto, visto desde la perspectiva del director general una subida del 3% significa 6 millones de euros más de gastos al final de año (¿y de dónde sacar esa cantidad más de facturación en mitad de la crisis? ¡Qué tentación reducirlo a cero visto solo con perspectiva financiera!).

Sin embargo, para un empleado que gane 30.000 euros año, una subida del 3% supone 900 euros brutos al año, menos de 50 euros netos al mes.

En conclusión, el director general ve 6 millones de euros más de gastos donde cada uno de los 5.000 empleados ve una subida de 30 euros al mes.

Un director de Recursos Humanos debe saber conciliar la percepción del director general y la del empleado respecto al impacto de la subida salarial, percepciones brutamente enfrentadas.

Por cierto, lo mismo ocurre con las reducciones de plantilla: en el caso de la empresa del ejemplo anterior, si el director general prevé una reducción de los ingresos en 6 millones de euros, puede tener la tentación de mirar el problema solo desde una perspectiva financiera y compensarlo reduciendo la plantilla en 150 empleados (6 millones de euros divididos por 40.000 euros que cuesta cada empleado al año).

Conocemos varios casos de directores generales que razonan así, pero ciertamente no es la mejor manera de lograr que en esa empresa los empleados estén comprometidos para hacer que su esfuerzo sirva para que todo sume en la compañía.

Veamos un nuevo ejemplo práctico, en este caso acerca del impacto del corto y el largo plazo.

Varsovia, 2002. El cazatalentos contratado para seleccionar al director general de la nueva división local de una importante multinacional presenta a Recursos Humanos en la empresa matriz el borrador de documento para la contratación del candidato, al ser solicitado para ello por el desconocimiento de la multinacional de las costumbres locales al respecto de contratos de alta dirección.

Hay que revisar solo tres páginas: la tentación es acabar deprisa (somos ejecutivos, ya sabes, y el negocio no espera). Pero el documento incluye una cláusula según la cual el bonus anual en acciones de la compañía del nuevo director general sería del 10% de las acciones de la empresa. En valor absoluto parecía una cantidad razonable, ya que en ese momento la compañía era muy pequeña y de poco valor contable, pero ¡en cinco años el nuevo director general tendría el control de la empresa en vez de ser su gestor principal!

Los desequilibrios entre las subidas salariales de distintos miembros del equipo también dan de sí, como puede observarse en la siguiente anécdota.

Casablanca, 2009. El nuevo director financiero de una importante multinacional española pretende ganar solo un 20% menos que su homólogo en España, algo que choca contra el sentido común visto desde aquí.

Se acepta la propuesta, una vez consultados los estudios salariales internacionales que incluyen los salarios en Marruecos, cifras que permiten comparar y tomar decisiones basadas en información contrastada y no en intuiciones.

Los siguientes dos años hubo tremendas turbulencias salariales en el equipo directivo en Marruecos, al que subidas salariales anuales del 15% les parecían desmotivantes por no estar alineadas con el mercado y... ¡por ser inferiores al incremento de sueldo del director financiero!

La conclusión es que subidas salariales individuales desequilibran el conjunto de los sueldos de los equipos y, en la medida que estos van siendo conocidos, impactan (casi siempre negativamente) en los que perciben la situación como injusta.

Un dicho habitual entre la gente de Recursos Humanos es que el poder motivacional de una subida de sueldo dura hasta el momento en que el empleado se entera de la subida de sueldo ligeramente superior de algún compañero.

La conclusión es universalmente aceptada: a partir de un determinado sueldo, que permita la supervivencia física, los sueldos y sus subidas anuales tienen mucho mayor impacto psicológico que económico.

Este hecho, comprobado en numerosos estudios sociales y en la experiencia práctica de cada uno, da enormes posibilidades de acción a recursos humanos y a la línea jerárquica, motivando a los empleados sin un impacto tan directo en costes, como por ejemplo, a través de tiempo compartido, nombre de la posición, reconocimiento, viajes, participación en determinadas reuniones, estatus, etc., siendo la recomendación amplificar al máximo el uso de estas medidas por su enorme contribución al mayor compromiso de los empleados con el proyecto y, como hemos comentado, normalmente con un menor coste económico a largo plazo.

En el caso de que la línea jerárquica no conozca o no practique lo suficiente esta capacidad, poner en marcha acciones de formación para desarrollarla es una decisión enormemente rentable económicamente y en términos de satisfacción de los empleados.

Una anécdota de Marruecos en 2010 clarificará el impacto de un cambio en el nombre de una posición en la retribución emocional de un directivo.

La jefa de Recursos Humanos de una empresa reclama mayor sueldo para equipararlo con los valores del mercado. Durante varios años consecutivos se le aplican subidas salariales del entorno del 15-20%, pero el problema no acaba de resolverse, pues la jefa de Recursos Humanos sigue sin estar satisfecha con su situación.

Investigado más en profundidad el asunto, se descubre que en inglés es habitual llamar al jefe de Recursos Humanos de una empresa mediana *HR Manager* y *HR Director* cuando la empresa es grande. Su traducción respectiva al francés sería *responsable des Resources Humaines* frente a *directrice des Resources Humaines.*

Así, se decidió llamar al puesto *HR Manager* para su uso en inglés, en consonancia con las políticas de la multinacional, y *directrice des Resources Humaines* para su uso local en Marruecos. De este modo se resolvió el problema, la jefa de Recursos Humanos quedó ampliamente satisfecha y sus subidas salariales fueron menores los años sucesivos.

Resumen

Al hacer cualquier política salarial hay siempre que tener en cuenta y valorar:

1. La cultura y el plan estratégico de la compañía para que el sistema salarial refuerce los valores y la cultura de la empresa.

2. La inflación local y situación económica de la compañía y del país en que opera.

3. Encuestas salariales internacionales y homogéneas para la toma de decisiones.

4. Contexto de países del entorno con que se relaciona la empresa y con los que pueda haber vasos comunicantes.

5. Buscar el equilibrio entre el impacto económico tal y como lo ve el director general y tal y como lo ve el empleado.

6. Maximizar el impacto psicológico más que económico de la subida de sueldo a través de políticas de reconocimiento y del entrenamiento de la línea jerárquica en motivación del personal.

7. Examinar el impacto a largo plazo de las decisiones de subidas de sueldo para evitar distorsiones futuras.

8. Estudiar todas las otras opciones de aumentar la retribución que recibe un empleado además del sueldo fijo.

2

La cultura de la empresa

La evidencia empírica es ya abrumadora: la cultura de la empresa es un elemento esencial a tener en cuenta en el mundo de los negocios para el éxito en los mismos.

El problema es que muchos directivos y empleados no saben bien qué es la cultura de una empresa ni cómo les está influyendo en sus actuaciones y decisiones del día a día. Mucho menos saben cómo utilizarla en beneficio del negocio y de los empleados de la empresa.

Y, efectivamente, uno se puede confundir si piensa en la cultura en términos demasiado académicos y la definimos por ejemplo como lo que identifica la forma de ser de un empresa y que se manifiesta en las formas de actuación ante los problemas y oportunidades de gestión y en la manera en la que se adapta a los cambios y requerimientos de orden exterior e interior, que son interiorizados en forma de creencias y talantes colectivos que se trasmiten y se enseñan a los nuevos miembros como una manera de pensar, vivir y actuar.

Podemos dar un paso más para llegar a una definición más entendible, definiéndola como el conjunto de formas de pensar, de sentir y de actuar que son compartidas por los miembros que componen la organización.

Pero ninguna nos parece tan afortunada como la definición de cultura que nosotros proponemos:

La cultura de una sociedad/una empresa es la manera habitual y bien vista de hacer las cosas.

Y el elemento crucial para entender la cultura empresarial y su impacto en los negocios es que, cuando estás inmerso en una determinada cultura, hay una presión social muy fuerte para que los individuos se acomoden a ella.

Este es precisamente el mecanismo básico que hay que tener en cuenta para sacarle partido a la cultura empresarial desde el punto de vista del negocio. Si somos capaces de generar una cultura percibida como sana por los empleados y rentable para el negocio, la presión social nos ayudará enormemente a mantenerla y consolidarla en el tiempo.

En conclusión, ser capaz de entender nuestra cultura empresarial, y cambiarla si ello es necesario, es un elemento esencial de los negocios en este siglo.

Empecemos, pues, por entender la cultura de una sociedad o de una cultura en la práctica. Hay elementos culturales que diferencian una sociedad de otra que son fácilmente visibles. Por ejemplo, la costumbre del uso de la corbata frente al uso de otras prendas masculinas como la chilaba o la guayabera. Los que tenemos la costumbre de usar corbata sonreímos con superioridad con frecuencia viendo otras formas de vestir a las que no estamos acostumbrados... ¡sin advertir que ellos hacen lo mismo cuando nos ven a nosotros! Y es que, una vez sumergidos en una cultura, tendemos a pensar que es la mejor, y que las demás formas de vivir son peores o raras.

Obviamente, no es el caso, pocos saben que el traje típico árabe, que para los occidentales es único e indiferenciado, tiene multitud de variantes en calidad del tejido, intensidad del color blanco, con o sin bolsillo a la altura del pecho izquierdo, con o sin agujero a la altura de las muñecas para los gemelos, etc., que hacen para los árabes distinguir la capacidad económica y la clase social de sus interlocutores tan fácil como para los españoles percibir un traje o unos zapatos de marca y una camisa con las iniciales bordadas. Esta cuestión no tiene mayor importancia mientras sea solo una manera de vestir y no se lleve a extremos como el burka, pero es interesante tenerla en cuenta para entender progresivamente la cultura de una sociedad.

También son fácilmente visibles algunos elementos culturales como el uso de pendientes en las mujeres occidentales o el estiramiento del cuello en las mujeres de algunas poblaciones africanas, cosa que en general provoca rechazo en la cultura occidental, ¡sin advertir que ambas costumbres implican una agresión física sobre el cuerpo de la mujer!

Pensado desde su óptica cultural, estirarse el cuello es la manera habitual y bien vista de hacer las cosas y la presión social por acomodarse a la regla es muy fuerte.

Para entender bien y en profundidad el impacto de la cultura es muy conveniente salir del propio marco de referencia con regularidad. Es, por ejemplo, lo que me ocurrió en 1998, cuando estaba trabajando en un poblado africano llamado Manantali, a una hora de vuelo en avión privado (única manera de acceder al poblado) de Bamako, capital de Mali. En un momento dado cogimos el todoterreno para alejarnos unos kilómetros de la obra que se estaba ejecutando y, en el recorrido, nos cruzamos con una mujer joven y su hijo de 3 años caminando en busca de agua. Pedí al conductor parar el vehículo para hacerme una foto con la mujer y su hijo, y este me pidió que me quedara en el coche mientras pedía permiso a la mujer para hacernos la foto. Al cabo de unos minutos, con el permiso conseguido, bajé del coche y nos dispusimos a hacer la foto, momento en el cual el niño empezó a gritar y llorar con un nivel de terror y de angustia propios de la mejor película del género. ¡El niño nunca había visto a un hombre blanco! ¡Yo era un fantasma para él!

Otro ejemplo típico de la cultura de una sociedad es la manera de conducir.

Autopista Miami-Jacksonville, hoy. Todos los vehículos (camiones, motos, coches…) tienen el mismo límite de velocidad, todos tienen velocímetro en sus vehículos, la autopista tiene tramos de 40 km en línea recta, el miedo al incumplimiento de la norma es altísimo por el importe de las multas y el mal rato que hace pasar el *sheriff* al incumplidor… Conclusión: un conductor puede perfectamente estar durante 20 minutos manteniendo la misma distancia exacta con los coches que tiene delante y detrás.

La manera habitual y bien vista de conducir en Norteamérica es mucho más pausada, ordenada y previsible que la española. Desde el punto de vista de eficiencia en tiempo, seguridad y confort al conducir es una cultura adaptativa.

El Cairo hoy. Recorrido en el taxi desde el aeropuerto hasta el hotel en el centro, carreteras de dos carriles usadas como si fueran de tres y permanente concierto de bocinas con una cadencia entendible por los egipcios para indicar invasiones territoriales, avisos de «aquí llegué yo primero», «pasa tú que no importa», «ahora paso yo», «cuidado, que ahora entro yo en ese hueco»… mezclado con transeúntes cruzando la calle sin ningún respeto a los semáforos, en un desorden absoluto que provoca tener el corazón a 180 pulsaciones por minuto para quien no está acostumbrado.

La manera habitual y bien vista de conducir en Egipto es mucho más ruidosa y anárquica que la española. Desde el punto de vista de eficiencia en tiempo, seguridad y confort al conducir es una cultura desadaptativa.

Así es como comenzamos a ver que la cultura no es neutral, sino que, por el contrario, tiene una incidencia clara en la eficacia de una sociedad o de una empresa en particular. Bien utilizada, la cultura ayuda a la empresa a adaptarse a la evolución de la sociedad y de los mercados, lo que tiene un enorme impacto en el compromiso y la motivación de los trabajadores. Y viceversa, la cultura de la empresa puede convertirse en un elemento desadaptativo y obstaculizador del cambio porque los empleados (o los directivos) no quieren salir de sus rutinas y costumbres, lo que puede dificultar enormemente las cosas, sobre todo en momentos de cambio en el entorno o de fusiones y adquisiciones.

¿Cómo detectar entonces la cultura existente en una empresa y su consistencia o no con los valores definidos por la dirección? ¿Cómo insuflarlos en los nuevos empleados? ¿Cómo diseñar e implantar una nueva cultura en procesos de fusión cuando cada una de las empresas fusionadas tiene una manera habitual y bien vista de hacer las cosas?

El ejemplo del manejo de los folios en las empresas es un buen indicador de la cultura subyacente. Veamos varios casos.

Madrid. Preparando un borrador de propuesta para el director de Recursos Humanos, este recrimina con delicadeza al técnico haber utilizado tres folios solo por una cara, cuando hacerlo por las dos habría ahorrado el gasto de unos pocos folios.

Madrid. El presidente de la empresa reprueba en una reunión de trabajo rutinaria al director de Recursos Humanos por tomar notas de la reunión en un folio en blanco pudiendo hacerlo en hojas impresas reutilizadas.

Málaga, misma empresa. El director de Recursos Humanos presencia la siguiente conversación entre un empleado y el director de la zona:

—Jefe, ¿puedes darme unos folios, por favor?

—¿Para qué los quieres?

—Tengo que imprimir el informe semanal de ventas.

—¿Cuántos folios son?

—Creo que cuatro.

El director abre un armario cerrado con llave, saca cuatro folios y se los da al empleado.

Madrid. Una gran empresa de la construcción tiene cuadernillos ilimitados con el logo de la empresa impreso en cada folio a la libre disposición de cualquier empleado.

Claramente, estos ejemplos nos están diciendo que la orientación al coste de las dos primeras empresas era brutal, siendo mayor la focalización en la reducción de gastos que en el aumento de ingresos para la consecución de los resultados a final de año.

El cuarto ejemplo es manifiestamente el contrario: independientemente de los valores declarados oficialmente por la compañía, esta se focalizaba más en el aumento de ingresos («modificados» en el argot de la construcción) que en el control de los gastos para llegar a los resultados a final de año.

La conclusión es que las diferencias culturales en las empresas no siempre son evidentes a primera vista, sino que están ocultas en las costumbres no explícitas.

Veamos otro ejemplo. Madrid, 1999. Primer día de trabajo del nuevo director de Recursos Humanos en una empresa de construcción. Presentación al director de Construcción Internacional.

Primer minuto de la conversación:

–Bienvenido a la compañía, pero antes de empezar déjame que te haga una pregunta. Me han dicho que no eres ingeniero de caminos, ¿no? –pregunta el director de Construcción Internacional.

–Pues no, no soy ingeniero de caminos –responde la nueva incorporación.

–Peor aún, me han dicho que eres psicólogo.

–Pues sí, soy psicólogo –reconoce el nuevo director de Recursos Humanos.

–¡La hemos fastidiado! –concluye el director de Construcción Internacional.

Este es un magnífico ejemplo de cómo se perciben las características culturales no explícitas en una empresa (en este caso, la importancia concedida por la empresa a ser ingeniero de caminos), que sin duda tendrán que ser tenidas en cuenta por la dirección general y por la de Recursos Humanos en cualquier trabajo que se proponga cambiar la cultura de la empresa, teniendo en cuenta además que cuanto más implícita es una regla cultural, más difícil resulta cambiarla.

La contrapartida es que, cuanto más explícita y consistente sea la cultura de la compañía (expresada idealmente en forma de valores), mayor sea la coherencia de la empresa con esos valores y haya menos factores culturales implícitos, mayor será el impacto de la cultura de la empresa en la cuenta de resultados y en la satisfacción profesional de los empleados.

Es por ello que cada vez más empresas trabajan en un modelo de gestión basado en valores, en la idea de que toda la gestión en la empresa sea consistente y coherente con esos valores culturales previamente definidos.

De nuevo lo veremos mejor con un ejemplo. Estados Unidos, 2005. Una multinacional define como uno de sus tres valores básicos la seguridad. En esta empresa, todos y cada uno de los nuevos empleados empiezan su trayectoria profesional con un curso de seguridad; el director de Seguridad reporta directamente al director general; la empresa se para una mañana al mes todos los meses para que los operarios analicen las lecciones aprendidas de todos los accidentes que haya habido en el mundo; el director general empieza todas y cada una de las reuniones del equipo directivo hablando de seguridad y analizando la evolución de los indicadores de dicho aspecto, se dan premios individuales y colectivos por los días sin accidentes... En definitiva, hay una enorme consistencia entre los valores que se predican y las políticas que se practican.

Cuando se hacen bien las cosas, los empleados lo perciben y se comprometen con el valor en cuestión haciendo que todo sume. El esfuerzo combinado de personas comprometidas es superior a la suma matemática de sus esfuerzos.

En el extremo opuesto está el siguiente caso. Madrid, 2013. Una empresa española describe en su página web, ocho valores de la compañía. Al entrar en el apartado de Recursos Humanos se explican otros cuatro valores más. No hay ninguna política ni práctica específica que aliente o refuerce el cumplimiento de esos valores.

Es imposible que dichos valores acaben constituyendo la base cultural de esa empresa si no hay consistencia ni coherencia entre lo que se dice y lo que se hace.

En conclusión, formular la cultura de la empresa en términos de entre tres y cuatro valores es conveniente para alinear a la plantilla con la cultura deseada, pero siempre y cuando se pongan en práctica políticas que manifiesten de manera evidente el foco de la empresa en esos valores.

Una aplicación particular del análisis de la cultura de una empresa se produce en los procesos de fusión, sobre todo entre empresas que hasta ayer eran competidores/enemigos en el mercado, acostumbrados a minusvalorar los puntos fuertes de la competencia y a justificar los puntos débiles de la propia compañía.

Es más, el elemento crucial para el éxito de una fusión es el proceso de análisis e integración de las dos culturas. De este modo, los empleados procedentes de las dos compañías fusionadas se sentirán cómodos en la nueva estructura creada.

Nuevamente un proceso de fusión cultural bien llevado a cabo genera un resultado de 1+1=3 (todo suma), mientras que uno mal llevado genera un resultado de 1+1=1.5 (no todo suma), demostrando la importancia crítica de los Recursos Humanos en los procesos de fusión.

Un ejemplo en el mundo de la construcción. Madrid, 1998. Gran fusión entre dos empresas constructoras para hacer una de las cinco constructoras españolas punteras actuales y que inicialmente no sale tan bien como se esperaba por la ausencia de un análisis pormenorizado de las culturas de cada una de las compañías, estudio que se hizo posteriormente y cuando ya la rotación de empleados clave era un grave problema.

Trabajando ambas en el sector de la construcción, una de ellas está muy concentrada en obras muy grandes, muy especializadas, proporcionalmente con poca plantilla y con mucho margen de beneficio por cada obra realizada; la otra, en cambio, hace todo tipo de obras incluyendo las muy pequeñas, nada especializada, menos tecnificada, con mucho menor margen y mucha plantilla.

Ambas tenían empleados con un gran orgullo de pertenencia, tanto en las fortalezas como en las debilidades de sus empresas de procedencia.

La idea fuerza para consolidar una sola empresa con una sola estrategia fue generar orgullo de pertenencia a un ente superior cuantitativa y cualitativamente, que era el que se había constituido tras la fusión, y apoyarse en acciones que impactaran directamente en los empleados para ello.

¿Y cómo hacerlo? Pues con cosas que ninguna de las empresas precedentes hiciera y que fueran motivantes e impactantes para los empleados, tales como:

- Dar tarjeta de visita a todos los jefes de obra, independientemente del tamaño de la misma, y al personal de mando en obras grandes. Los pequeños objetos con el logo de la empresa tienen una fuerza transformadora muy superior al coste de su elaboración.

- Invitar a cursos de formación en gestión a ingenieros de caminos y aparejadores procedentes de ambas empresas para que compartieran buenos momentos juntos, y así acelerar el entramado de relaciones personales y, con ello, acelerando también la historia en común de la nueva empresa.

- Realizar un diccionario técnico de la construcción español-inglés-francés-alemán-polaco y regalarlo a todos los profesionales relevantes de la nueva compañía, así como a los principales clientes y administraciones públicas, para aumentar la notoriedad y la reputación corporativa de la nueva empresa.

- Difundir vídeos de gestión del conocimiento de nuevas tecnologías aplicadas a la construcción, con el ejemplo de obras reales de la nueva empresa, para demostrar el compromiso con la difusión del saber hacer a los empleados clave.

- Implantar sistemas de incentivos más generosos que ninguno de los precedentes y compartidos entre personal de ambas procedencias.

- Evaluar al 100% de la plantilla en las competencias clave para el éxito en la empresa.

- Identificar a las personas de alto potencial y hacer planes de desarrollo individuales.

Estas acciones, junto a otras menos relevantes desde el punto de vista de la cultura de la empresa, hicieron que la compañía ganara el premio a las mejores prácticas en Recursos Humanos de España en 2003.

Veamos otro caso contrapuesto. Dubái, 2006. Una gran multinacional colabora en la construcción del Burj Califa en Dubái, la torre más alta del mundo, con más de 800 metros de altura, que será la obra más importante de la compañía en todo el planeta. Una parada en la participación de la empresa en el conjunto de la obra sería dramático desde el punto de vista del cliente y desde el punto de vista de la reputación corporativa, pues los ojos del mundo estaban posados en la emblemática obra.

Los operarios de la empresa son en su inmensa mayoría indios inmigrantes, que se alojan en un campamento que aparentemente cumple todas las normas internacionales para ser habitable.

Aclaremos que un campamento es normalmente un edificio de una altura situado en un barrio periférico en el que hay multitud de habitaciones para cuatro personas, baños provistos de numerosas duchas individuales, gran cocina y sala de estar.

El director general, sin embargo, es un árabe, formado en Europa, aparentemente culto y buen profesional.

Repentinamente, se empiezan a recibir en Recursos Humanos muchos anónimos protestando por la vida en el campamento, considerada imposible. La primera reacción fue debatir el asunto con el director general, que no ve más problema que el de intentar controlar el gasto.

Sin embargo, los anónimos se suceden, siendo uno de ellos del siguiente cariz: «Señor director de Recursos Humanos, siguen sin resolverse ninguno de los problemas que venimos denunciando en el campamento, y créame que es mi deseo más ferviente que en su siguiente rencarnación sea usted un indio inmigrante en Dubái para que vea de primera mano cómo vivimos aquí».

Finalmente el director de Recursos Humanos viajó a Dubái para visitar el campamento con el director general y ver la situación in situ. Los operarios de la India eran invitados a vivir en grupos de ocho personas en habitaciones previstas para cuatro.

El director general argumenta que «así es como les gusta vivir a los nativos de la India y de paso ahorramos dinero». Curiosamente quedaban habitaciones libres en el campamento.

Los operarios no disponían de frigorífico en la cocina del campamento, ¡en Dubái, dónde la temperatura ambiente es inimaginable! El director general argumenta que los indios no tienen frigorífico en sus casas en la India y que no van a echar de menos algo que no están acostumbrados a usar.

Otra reivindicación no atendida: los operarios indios tienen la costumbre cultural de no meterse en sus habitaciones con zapatos y los dejan siempre en la puerta exterior. Así, el pasillo que daba a las habitaciones era un caos absoluto de 16 zapatos desordenados y malolientes delante de cada una de las habitaciones. Solo reclamaban un mueble zapatero delante de la puerta de cada habitación.

Un director general que no era consciente de las diferencias culturales y su impacto en el negocio puso en riesgo la mayor obra de la empresa.

La solución implicó la redistribución de los operarios en las habitaciones, el coste de comprar un frigorífico industrial y varios muebles zapateros y, por suerte, la intervención de Recursos Humanos en el momento oportuno. En términos económicos, el chocolate del loro; en términos de cultura de empresa, la diferencia entre la huelga y el compromiso de los trabajadores con el éxito de la construcción de la torre más alta del mundo.

Unas semanas más tarde, el director de Recursos Humanos recibió un anónimo en donde se le agradecía su buen hacer en el problema con un mensaje de este tenor: «He podido comprobar personalmente que usted es una de las mejores personas que trabaja en esta compañía, y le deseo de verdad que tanto usted como su familia tengan una próxima reencarnación en una vida mucho mejor que la actual».

Resumen

1. La cultura de la empresa es la manera habitual y bien vista de hacer las cosas.

2. Cuando estás dentro de una determinada cultura, hay una presión social muy fuerte para que los individuos se acomoden a ella.

3. Las particularidades culturales en las empresas no siempre son evidentes a primera vista, sino que están ocultas en las costumbres no explícitas.

4. Cuanto más implícita es una regla cultural, más difícil será cambiarla.

5. La mejor manera de trabajar un cambio cultural es convertirlo en los valores explícitos de la compañía y basar toda la actividad de la empresa consistentemente en torno a ellos.

6. La idea fuerza en un proceso de fusión es generar orgullo de pertenencia a un ente nuevo, superior cuantitativa y cualitativamente a cualquiera de los previos

7. Hay que acelerar el entramado de relaciones personales, acelerando la historia en común de la nueva empresa.

8. Los pequeños objetos con el logo de la empresa tienen una fuerza transformadora muy superior al coste de su elaboración.

9. Nunca infravalores el impacto potencial que una diferencia cultural puede tener para el negocio y el beneficio que aporta hacerlo bien.

3 | Las encuestas de empleados

Hay dos maneras de comunicarse en cualquier tipo de organización, una es de arriba hacia abajo *(top-down),* donde la dirección y los directivos de la empresa comunican a los empleados los valores, los objetivos o cualquier otra información relevante (dedicaremos el capítulo 4 a este tema) y la otra es de abajo hacia arriba *(bottom-up),* en la que la empresa sencillamente escucha lo que opinan, piensan, sugieren y reclaman los empleados a la dirección.

Esta es sin duda, una función clave para la cúpula directiva y la línea jerárquica si quieren que en su empresa todo sume para el éxito de la misma.

Hay muchas maneras de escuchar lo que piensan los empleados. Una es, sin duda, a través de sus representantes sindicales; otra, a través de sistemas de sugerencias; otra, a través de canales anónimos de presentación de quejas o reclamaciones; otra, a través de grupos de discusión *(focus groups)* con empleados; otra, las comidas informales en el comedor de la empresa…

Sin embargo, todas esas formas de escuchar desde abajo hacia arriba tienen algún defecto formal: o bien no todo el mundo opina, o bien la muestra no es representativa de toda la plantilla, o bien se introducen en el proceso otros intereses ajenos a los directamente explicados por los interesados, o bien el proceso no garantiza que las conclusiones sean certeras.

La mejor forma de escuchar a los empleados, la más profesional, la que cumple todos los requisitos para hacerlo, es la más fácil: preguntar directa y abiertamente a todos los trabajadores qué les parece lo que está pasando en la empresa. Ahora bien, solamente se puede entender el organizar una encuesta de empleados si la empresa, su director general y de Recursos Humanos en particular creen de verdad que se hace para conseguir estos dos objetivos básicos:

- Conocer la opinión de los empleados sobre los elementos fundamentales de la satisfacción en el trabajo y valorar su compromiso con la empresa.

- Elaborar planes de acción basados en las opiniones de los empleados, que ayuden a retenerlos, motivarlos e ilusionarlos para dar lo mejor de sí mismos en su trabajo.

Y es que, permítaseme la insistencia, la mejor manera de saber qué piensa alguien sobre un tema concreto es preguntárselo directamente. Y lo mismo se aplica a toda la plantilla, la mejor manera de saber cómo están los empleados es preguntarlo directamente a través de una encuesta de clima.

Por obvio que ello parezca –y lo es–, hay sin embargo muchísimas empresas que no hacen ni siquiera el esfuerzo de escuchar a la plantilla siguiendo una estructura o guión profesionalmente definido.

En particular en este momento, una de las derivaciones inesperadas de la crisis económica que atravesamos es que hay más miedo a perder el trabajo, se siente menos libertad de decirle a la empresa lo que está haciendo mal de manera espontánea y hay menos oportunidades de trabajo fuera de la compañía; los cazatalentos llaman menos veces a la puerta, las redes sociales más bien solicitan ayuda que ofrecen oportunidades y hay más prudencia a la hora de emprender un negocio por cuenta propia. De hecho, al calor de esta situación está surgiendo una nueva especie en las empresas: los agazapados.

Los agazapados son todos aquellos que observan cómo su empresa lleva a cabo el proceso de restructuración, valoran la elegancia y el respeto con el que se jubila y se despide, evalúan si los sindicatos y la dirección mantienen discursos y estrategias actuales, escuchan la reacción de los que ya han sido desvinculados, prestan atención a cómo se cuida a los supervivientes y, finalmente, deciden si siguen en la empresa dando lo mejor que llevan dentro o se quedan agazapados esperando la primera oportunidad de que el mercado repunte para dejar la compañía.

En el momento actual, pobres de la empresas que tengan muchos agazapados porque, en el momento de la recuperación económica, podrían encontrarse con que la rotación voluntaria crece súbita y exponencialmente de modo que, justo cuando tengamos la oportunidad de volver a hacer negocio y beneficios, se nos marche la gente clave para llevar esta fase a cabo.

La moraleja es bien sencilla: la mejor manera de evitar tener agazapados es preguntar a toda la plantilla su opinión sobre cómo se están haciendo las cosas. La plantilla misma nos dará el *feedback* apropiado para diseñar planes de acción que permitan que, cuando vuelva el crecimiento y la alegría económica, los empleados estén al lado de la empresa por convicción y no por obligación.

Veamos un ejemplo para ilustrar lo que estamos comentando. Madrid, 1998. Enésimo debate entre la dirección de Recursos Humanos y la presidencia de la empresa para poner en marcha la encuesta de clima. El comentario del presidente es el siguiente: «para qué vamos a gastar las energías y el dinero en pedirles opinión a los empleados si ya sabemos que solo nos van a decir cosas malas. Ya sabemos que aquí se trabaja mucho y mal, no me hace falta una encuesta para saberlo».

La primera reflexión que hay que hacer para enfrentarse con estas reticencias es acordarse de que los comentarios de los empleados son como el grifo de la cocina de la segunda residencia en la playa o en la sierra: cuando se abre después de no usarlo durante todo el invierno sale solo agua sucia y hay que dejarla correr para que empiece a salir limpia. La reacción del dueño de la casa puede ser cerrar el grifo de nuevo y no ducharse en todo el verano o dejar correr el agua un rato y después ducharse con agua limpia todo el tiempo.

Lo mismo ocurre con los empleados: si la empresa lleva mucho tiempo sin preguntar, es muy probable que los primeros comentarios sean ácidos, duros, negativos, pero en cuanto se tiene un poco de paciencia y se escucha con respeto e interés aparecen enseguida los comentarios positivos acerca de la evolución de la empresa. Solo en ese momento se está haciendo bien el trabajo, cuando el empleado se siente libre de hacer un buen análisis de la situación, incluyendo qué se está haciendo bien y qué se está haciendo mal.

Otro ejemplo nos lleva hasta Chipre, en 2011. ¿Qué podía estar pensando el director general de una multinacional americana cuando decide junto a su director financiero cumplimentar ellos personalmente todas las encuestas de empleados? Nada bueno, probablemente.

¿Qué miedos se puede tener a la opinión de los empleados para tomar esa decisión? Seguramente esta actitud no denota mucha confianza en la capacidad de gestión del protagonista como director general. Además, tratar de ocultar el malestar de una plantilla solo se puede retrasar pero nunca impedir, siempre se acaba sabiendo.

La empresa tardó varios meses en descubrir qué había pasado y, como pasa de vez en cuando, lo hizo fortuitamente por comentarios aislados de algún empleado. Pero una vez descubierto y comprobado el hecho, el director general fue despedido sin indemnización en 24 horas.

El detalle final es que los resultados globales de Chipre, una vez analizadas todas las encuestas ficticias, eran razonablemente buenos a excepción de la variable «Visión estratégica de la dirección general», en la que la puntuación era bastante mala… ¡un atisbo de honradez en los dos individuos que cumplimentaron fraudulentamente la encuesta!

Veamos otro caso. Pamplona, 2010. La clasificación de mayor a menor puntuación por centros de trabajo (costumbre que recomendamos encarecidamente seguir) de los resultados de la encuesta de empleados muestra que la fábrica situada en Pamplona es el centro de trabajo con menos motivación de todos los de la empresa.

El director de la fábrica lleva un año y medio en el puesto. La noche anterior a realizar un grupo de discusión con una muestra transversal de los empleados de la fábrica, el director de Recursos Humanos sale a cenar al centro de la ciudad con el director de la fábrica. La sorpresa es que este último saca un mapa de la ciudad y se orienta hasta el restaurante haciendo uso del mismo, con múltiples idas y venidas hasta dar con el local elegido tras varias disculpas del estilo siguiente: «ya sabes, yo solo me concentro en trabajar, no en salir a cenar». ¡El director de la fábrica no conoce el centro de la ciudad donde trabaja después de un año y medio!

Al día siguiente, los empleados del grupo de discusión aducen que el nuevo director no se ha integrado bien ni con ellos ni con el entorno, que nunca invita a clientes, que pasa todo su tiempo libre en el País Vasco, de donde procede… La información parece consistente; el plan de acción, fácil e intuitivo.

Escuchar y prestar atención a los empleados ayuda hacer una mejor empresa, a que todo sume en buenas condiciones motivacionales. Sin embargo, hay muchos elementos que restan en la ecuación cuando no se dan esas circunstancias.

Invertir en escuchar y actuar en consecuencia es una magnífica inversión.

Barcelona, 1994. Al consejero delegado no le gustaron los resultados de la primera encuesta de clima que hacía el grupo en toda su historia, sobre todo porque en la oficina central se percibía por los empleados como ineficaz e inservible, nadie sabía sus funciones y se le acusaba de ser una fuente inagotable e inútil de petición de datos a las unidades de negocio. El consejero delegado argumentó que las preguntas estaban formuladas de forma confusa y que incitaban a la respuesta crítica. La encuesta se maquilló y se compartieron los datos menos sensibles.

En su segunda edición y para darle más validez a los resultados de la encuesta, Recursos Humanos contrató a una catedrática de Sociología experta para que revisara la formulación de las preguntas y garantizase que fuera aséptica. Cuando el departamento presentó los datos en el comité de dirección se comentó este extremo y las críticas se acallaron. Los resultados volvían a mostrar la misma tendencia crítica con los servicios centrales, pero esta vez se publicaron y se puso en marcha un plan de cambio.

Otra respuesta a las críticas la encontramos en París, en 1997. Los resultados de la encuesta de empleados de una multinacional francesa, en relación con la credibilidad de la información recibida por los empleados, dicen que la máxima credibilidad la tiene el tablón de anuncios donde los sindicatos colocan sus comunicados, mientras que la mínima la alcanzan los mensajes del director general en persona. Este, profundamente enfadado, decide abortar el proceso de la encuesta de empleados y después de hacerla, recoger la información y analizarla cuantitativamente, ¡ni se hacen grupos de discusión, ni se publican los resultados, ni se hace un plan de acción!

Siempre que se decida escuchar a los empleados hay que estar preparado para recibir malas noticias (un maná para dilucidar las prioridades en los planes de acción) y tener paciencia frente a ellas, y sobre todo no solo no hay que matar al mensajero, sino, antes al contrario, pedirle más información para calibrar bien la profundidad de la herida.

De hecho, uno de los apartados más interesantes de una encuesta de empleados consiste en los comentarios abiertos que siempre debe permitirse hacer a los empleados, comentarios que sugerimos encarecidamente lean con detalle tanto el director general como el de Recursos Humanos.

Gracias a estos comentarios y después de una investigación posterior se ha obtenido información muy valiosa sobre asuntos como:

- Exceso de enchufes en la selección de personal de un centro de trabajo.

- Incompetencia profesional o falta de respeto al equipo de algún mando intermedio.

- Relaciones personales no comunicadas a la empresa y con importantes conflictos de interés.

- Ocultación de conflictos de interés a la empresa por parte de algún mando intermedio.

- Imagen de los distintos directores en sus departamentos.

- Percepción de los empleados sobre las relaciones de poder en el equipo directivo.

La experiencia indica que en una empresa sana los comentarios positivos y negativos están equilibrados, los empleados nos dicen tanto aquello que les gusta y quieren mantener como aquello que les duele, caso en el que aprovechan la oportunidad para reclamar acción.

De hecho, la mejor manera de ganarse la credibilidad de la empresa para la siguiente encuesta de empleados es hacer hoy un plan de acción con los resultados de la misma, seguirlos en el tiempo y publicarlos para conocimiento general.

La experiencia indica que lo mejor es publicar alguno de los comentarios positivos y alguno de los negativos junto a los resultados cuantitativos, de modo que se enriquezca y aclare el entendimiento por parte de los empleados de los resultados de la encuesta, puesto que solo través de datos estadísticos resulta más frío y difícil la evaluación.

Un nuevo ejemplo nos lleva a Madrid, 2011 a una empresa donde la seguridad es uno de los valores clave. Hay muchos comentarios positivos al respecto en la encuesta de empleados y uno de ellos dice: «es un orgullo que la empresa vele por la seguridad de sus trabajadores, además de ser un ejemplo para empresas del mismo sector y de otros. Esto no solo me llena de satisfacción sino que es un argumento utilizable en la venta de nuestros productos». Son, sin duda, muy buenas noticias para la empresa.

Sin embargo, véase con qué facilidad se interpreta la petición de analizar de nuevo los sistemas salariales de la compañía: «me preocupa la dificultad de la compañía para premiar a los buenos empleados, lo que hace que la gente buena se desmoralice». O la petición de revisar la comunicación a todo lo largo de la empresa del plan estratégico para salir de la crisis: «Me preocupa no saber hacia dónde va la empresa, el futuro, ¿que somos?».

Si estas son además preocupaciones de la dirección de Recursos Humanos/dirección general, el hecho de incluirlas en el plan de la empresa para el año siguiente tendrá un valor añadido adicional al ser compartidos por la dirección y los empleados. El empeño en sacar adelante esa parte del plan de acción será aún mayor y los empleados se apuntarán a la fórmula 1+1=3 al percibir honestidad en la dirección de la empresa en querer hacerla mejor cada día.

Resumen

1. Pon en marcha una encuesta de empleados solo si pretendes honestamente conocer su opinión sobre los elementos fundamentales de la satisfacción en el trabajo y valorar su compromiso con la empresa.

2. Invertir en escuchar y actuar en consecuencia es una magnífica inversión.

3. Siempre que se decida escuchar a los empleados hay que estar preparado para recibir malas noticias (que son un maná para dilucidar las prioridades en los planes de acción).

4. Incluye siempre entre las preguntas de la encuesta los valores de la compañía.

5. Uno de los apartados más interesantes de una encuesta de empleados son los comentarios abiertos que siempre debe permitirse hacer a los empleados.

6. Haz siempre en la encuesta una clasificación de todos los centros de trabajo según el grado de satisfacción y convoca un grupo de discusión en el sitio mejor valorado (para aprender de las mejores prácticas) y en los dos peores para hacer un plan de acción específico.

7. La mejor manera de ganarse la credibilidad de la empresa para la siguiente encuesta de empleados es hacer hoy un plan de acción basado en los resultados de la misma, seguirlos en el tiempo y publicarlo para conocimiento general.

4 | La comunicación interna

Con el concepto «comunicación interna» nos referimos a todos aquellos esfuerzos estructurados que acomete la empresa para que la estructura jerárquica o un departamento específico de la compañía transmita toda la información que se considere relevante para que los empleados sientan orgullo de pertenencia por trabajar en el proyecto de la empresa y trabajen entendiendo mejor cuál es su contribución al éxito colectivo.

Estemos atravesando buenos o malos momentos, los empleados quieren saber dónde se encuentran exactamente, qué dificultades tiene que solventar la empresa y qué planes existen para salir adelante.

Muchas veces la dirección pide a los empleados que remen, y con razón estos argumentan que de acuerdo, pero ¿en qué dirección? Y es que, para el que no sabe adónde va, nunca hay viento favorable y los empleados necesitan saber adónde va la empresa para remar con más energía, con más sentido… y en la dirección adecuada. Nada tranquiliza más que mirar a los ojos al capitán del barco cuando, en mitad de la tormenta, te dice que tiene un plan para llegar a buen puerto; por contra, nada intranquiliza más que las azafatas corriendo y gritando por el pasillo del avión a la primera turbulencia.

En conclusión, el ser humano tiene una necesidad básica de recibir información y comunicarse para sentirse parte de algo. Ese sentirse parte de algo es el primer paso para estar orgulloso de ser parte de ese algo y sentirse orgulloso de ser parte de algo es el punto de inicio para querer dar lo mejor de uno mismo. Una empresa en la que todos suman, en la que todos quieren dar lo mejor de sí mismos, es imbatible en el mercado.

Y la herramienta que da respuesta a este círculo virtuoso es precisamente la comunicación interna, convirtiéndose de hecho en uno de los elementos clave para lograr el compromiso de los empleados en el proyecto de la empresa.

Pensémoslo por un momento desde la perspectiva de un empleado que se incorpora hoy a la compañía. Seguramente le gustaría saber todo lo posible:

Sobre la compañía:

- Qué hace la empresa: productos o servicios quc comercializa y en cuales es líder del mercado.

- Fortalezas de la empresa: en qué aspectos se diferencia o destaca en relación con la competencia.

- Historia e hitos en el camino: principales acontecimientos históricos desde su fundación y los más recientes éxitos en el mercado.

- Cultura y valores: cuál es la forma habitual y bien vista de hacer las cosas y cómo ello se refleja en valores escritos y reforzados socialmente.

Sobre la situación competitiva:

- Competidores: quiénes son y en qué nos diferenciamos de ellos.

- Situación general del mercado: competidores y productos más destacados y visión general de cómo funciona el mercado en el que se desenvuelve la empresa.

- DAFO de la empresa: debilidades, amenazas, fortalezas y oportunidades de nuestra compañía para los próximos años.

Sobre la estrategia:

- Posicionamiento en el mercado: dónde estamos y dónde queremos estar en el corto, medio y largo plazo.

- Misión: el propósito general o razón de ser de la empresa, enunciando a qué clientes sirve, qué necesidades satisface, qué tipos de productos ofrece y en general, cuáles son los límites de sus actividades.

- Visión: el camino al cual se dirige la empresa a largo plazo, que sirve de rumbo y aliciente para orientar las decisiones estratégicas de crecimiento junto a las de competitividad.

Sobre el año en curso:

- Objetivos del año.

- Éxitos en el camino.

Sobre la estructura organizativa:

- Quién es quién.

- Cambios regulares.

Sobre políticas y procedimientos:

- Reglas del juego internas (incremento de sueldo anual, incentivos, vacaciones…).

- Relaciones laborales (convenio, conciliación de la vida profesional y personal…).

Sobre la carrera en la empresa:

- Plan de formación.

- Puestos vacantes.

- Oportunidades de desarrollo profesional.

Y la manera en la que podemos comunicar todo ello es a través de los canales habituales con los que conectamos con nuestros empleados:

- Revista interna.

- Boletines de noticias.

- Cartas del director general.

- Desayunos con el director general.

- Comidas de trabajo.

- Encuentros en el ascensor.

- Vídeos corporativos.

- Página web.

- Intranet.

- Portal del empleado.

- Convenciones.

- Apertura y clausura de cursos de formación.

- Predicar con el ejemplo.

Como siempre, veremos con casos prácticos el efecto de lo que hemos expresado en las líneas anteriores.

Madrid, 2008. Una importante multinacional traslada su fábrica desde el centro de Madrid al extrarradio. La experiencia previa en el traslado de otras fábricas en el grupo dictaba que el riesgo de fracasar y de no ser capaces de fabricar con la misma calidad y eficiencia seis meses después del traslado era una posibilidad real, ya que otra fábrica del grupo en Europa se había cerrado pocos meses después del traslado por esas mismas razones.

Desde un punto de vista estratégico, era evidente que el proceso de comunicación interna resultaba crítico para el éxito del traslado.

La pregunta a resolver era: ¿qué hacer para que los 400 empleados de la fábrica en cuestión más el resto de la compañía se vieran implicados y comprometidos con la nueva fábrica? Y, sobre todo: ¿cómo vencer la resistencia al cambio que se produce en un porcentaje no desdeñable de la plantilla, incluyendo a menudo los comités de empresa?

El proceso de comunicación se inició con visitas al solar en donde se construiría la nueva fábrica, una con el equipo directivo y otra con el comité de empresa, para tomar una foto histórica e informar a los empleados desde el minuto cero, publicando esas fotos en todos los medios de la empresa.

Además de esta visita, las herramientas que la creatividad del equipo de Recursos Humanos puso en marcha fueron todas estas, que sirven de ejemplo en una experiencia de éxito:

- Fotografía y grabación en vídeo de la construcción de la fábrica todos los días y publicación en la intranet de la compañía. Con esto se logró que muchos empleados empezaran el día comentando la evolución de las obras. Asimismo, se obtuvo un precioso vídeo de la construcción de la fábrica un año después para su uso con los medios, publicitario, etc.

- Sección especial en la revista interna durante los dos años que duró el proceso, desde la visita al solar hasta la jornada de puertas abiertas para las familias de los trabajadores actuales y jubilados tras su inauguración.

- Visitas periódicas e información periódica al comité de empresa sobre la evolución de la obra.

- Traslado progresivo de los trabajadores por departamentos y celebración, una semana antes de su traslado completo, de una visita guiada a la nueva fábrica y aperitivo y bienvenida por parte del director técnico y del director de Recursos Humanos. En este acto se regalaba una taza de té, que servía de cubilete para la mesa de trabajo, con el dibujo del perfil de la nueva fábrica, costumbre que se ha revelado como una de las que más vínculo emocional generan en los empleados con un nuevo proyecto, y, por tanto, altamente recomendable en cualquier proceso de cambio (existen empresas especializadas en este tipo de detalles y a un precio más que razonable. La única condición es que el obsequio tiene que tener alguna relación con el evento celebrado y ser del suficiente buen gusto como para que el empleado lo use él personalmente o al menos lo enseñe en casa, se lo regale a un hijo…).

Este acto demostró ser el que más contribuyó a disminuir la resistencia al cambio, dado que los trabajadores volvían durante una semana más a su vieja fábrica después de haber visto una nueva, incrementando sus ganas de empezar en el nuevo centro y contándoles maravillas de la nueva fábrica a los trabajadores que todavía no se trasladaban.

- Creación y entrega de un libro de bienvenida incluyendo, como es natural, planos de la fábrica pero también restaurantes y centros de ocio en los alrededores del nuevo centro de trabajo.

- Realización de actos de responsabilidad social corporativa en la localidad en donde se implantó la nueva fábrica para generar la imagen local de la empresa como una compañía comprometida con el lugar en que se instala.

Finalmente fue muy útil para el compromiso con la calidad y la eficiencia de la nueva fábrica el acuerdo negociado con el comité de empresa de pagar una prima única para el traslado en dos pagos: la mitad en el momento de que cada trabajador fuera trasladado y la otra mitad en el momento en que la fábrica produjera con los indicadores de calidad de producto y de servicio estándares en la multinacional, circunstancia que se produjo a los seis meses del inicio del traslado.

En estas situaciones pasan a veces anécdotas que ayudan a entender alguna de las dificultades que hay que superar para la comunicación de este tipo de cambios.

En el centro anterior, localizado en la ciudad de Madrid, y por tanto con enormes dificultades para aparcar, había solo seis plazas disponibles para aparcamiento, por lo que resultaba casi imposible aparcar en los alrededores para el resto de los 394 empleados.

En el centro nuevo se construyó un aparcamiento interior y otro exterior, con capacidad para 400 plazas, lo que la empresa consideraba que era un enorme valor añadido para todos los empleados. Sin embargo, durante muchas sesiones con el comité de empresa, este acusaba a la compañía de fomentar la contaminación atmosférica al poner tan fácil a los empleados ir a trabajar en su propio vehículo.

Finalmente la empresa llegó al acuerdo de autorizar el aparcamiento gratuito de cualquier empleado en el espacio de superficie y cobrar una cantidad simbólica por el uso exclusivo e individual del aparcamiento cubierto, dedicando la cantidad de dinero así generada a acciones de responsabilidad social corporativa. De este modo se resolvió un típico problema de las empresas, como es conseguir que los empleados financien una parte del dinero destinado a RSC.

El siguiente ejemplo nos lleva hasta Johanesburgo, 2009. La oficina central local de una multinacional americana en Sudáfrica hierve.

Se han recibido docenas de escritos, tanto firmados personalmente como anónimos, acusando de actuaciones totalmente incorrectas y de todo tipo (uso inapropiado de la vivienda, alcoholismo, vida nocturna disoluta,...) al director general, de modo que si solo la mitad de las acusaciones fuera cierta, sería materialmente imposible mantenerle en la posición.

La situación obliga a varios viajes consecutivos de la dirección de Recursos Humanos internacional, junto a un detective de alto nivel, para entender que está pasando, decidir y poner en marcha planes de acción.

Tras un doloroso proceso que incluye careos entre directivos de primer nivel de Sudáfrica frente a un detective y a la dirección de Recursos Humanos, se concluye qué es lo que ha ocurrido.

El director general está embarcado en un complejo proceso de cambio cultural en el país, que deja a dos de los miembros del equipo directivo fuera de su ámbito de confort. Al sentirse fuera de juego, estos empiezan conscientemente a difundir rumores infundados sobre el director general. En ausencia absoluta de ninguna comunicación interna, estos rumores se reproducen exponencialmente, se retroalimentan y acaban en la situación descrita.

La empresa decide:

- Mantener en su puesto al director general.

- Despedir a dos directores y promocionar a otros dos internamente, después de un método de evaluación que certifique su idoneidad.

- Crear una revista de comunicación interna y aumentar exponencialmente los esfuerzos en esta dirección.

- Poner un *coach* al director general para que tome conciencia y aprenda la importancia de la comunicación interna y sepa desarrollarla con su equipo.

Transcurrido un año, los resultados de la empresa en ventas y en beneficios se han multiplicado por dos y los resultados de la encuesta de empleados en todas las categorías han aumentado un ¡30%!

Nuevamente se confirma que si la comunicación interna es la correcta, deja de haber ruido de rumores en la empresa, los empleados se sienten más comprometidos, entienden mejor su contribución al éxito y, en definitiva, consiguen el resultado de que 1+1=3. Una buena política de Recursos Humanos consigue mejorar exponencialmente los resultados y tener empleados más satisfechos.

Otra anécdota relacionada con esta historia afecta a la sensibilidad de las personas y cómo la experiencia demuestra que es imprescindible tener en cuenta dicha sensibilidad en todo momento para lograr el compromiso de los empleados con la empresa y con sus directivos.

El director general recogía al director de Recursos Humanos en el hotel todas las mañanas cada vez que este visitaba Sudáfrica. Durante el proceso de investigación sobre su vida personal, junto al detective, ambos decidieron que no fuera éste el modo de proceder durante este viaje en particular, para poder mantener la distancia entre ellos durante la investigación, así como la independencia de los investigadores.

Sin embargo, el director de Recursos Humanos se quedó en Johanesburgo un día más después de estar todo decidido y conocerse que el director general quedaba libre de toda culpa. Ese último día, el director general sí recogió en el hotel al de Recursos Humanos y en la primera calle que giraron pararon el coche y hablaron entre ellos de todo lo sucedido antes de llegar a la oficina. Fue una hora para romper toda la tensión acumulada por parte del director general y, de esta manera, el director de Recursos Humanos ganó un amigo y un aliado para siempre y el director general que entró a su oficina una hora más tarde era un hombre nuevo.

La conclusión es obvia: en ausencia de comunicación interna, los rumores, casi siempre más destructivos que constructivos, dominarán la escena. Nunca es suficiente la comunicación interna, siempre hay algo más que se puede hacer para aumentar el compromiso de los empleados con el proyecto de empresa.

Por cierto, una práctica de mala comunicación muy extendida son las comidas de trabajo de los directivos con grupos de empleados aprovechando cualquier circunstancia como cursos de formación, reuniones periódicas, visitas de trabajo, etc. La mayoría de los directivos hablan sobre fútbol, motociclismo, fórmula 1, la situación política…, pero apenas ninguno aprovecha para dejar que les pregunten sobre el trabajo, la situación de la compañía, la evolución de las ventas, los éxitos recientes. Casi nadie facilita que los comensales tengan la confianza de preguntar y obtengan respuesta, todo desde una óptica de comunicación interna.

En particular, es importante reseñar que un director está acostumbrado a manejarse con información, montones de informes y datos cruzados que le permiten gestionar la empresa. Sin embargo, desde un punto de vista de comunicación con otros que generalmente no tienen esos datos o la experiencia de analizarlos, hay que dar la información interpretada o digerida.

Supongamos que hablamos de un edificio de 800 metros de alto con un ascensor que viaja a 10 metros por segundo: interesante, ¿verdad? ¿O suena mejor decir que estamos hablando del Burj Califa, en Dubái, el rascacielos más alto del mundo, que es dos veces y media el Empire State de Nueva York, tan alto que el mirador turístico se ha situado en el piso 123 porque desde el 170 ya no se ve nada? Además allí se ha instalado el ascensor más rápido del mundo: tarda 30 segundos en subir, pero si fuera a la velocidad del ascensor de tu casa, tardarías un cuarto de hora en llegar hasta arriba. ¿Cuál de las dos formas de contar lo mismo impacta más? Sin duda que, en el segundo caso, el impacto es mayor en el oyente y la probabilidad de que se replique el comentario y se extienda por la empresa y fuera de ella es mucho mayor.

Así, una parte importante de trabajo de un directivo es hacer comunicación de alto impacto que genere compromiso con la empresa y las comidas de trabajo son una oportunidad que se suele desaprovechar habitualmente.

Permitidme un comentario ahora sobre la originalidad y la creatividad. Muy a menudo, las direcciones de Recursos Humanos de multinacionales se sienten constreñidas porque «todo está ya inventado», ya está diseñada la evaluación del desempeño y la encuesta de empleados y la formación a distancia… Pues bien, casi nunca la comunicación interna viene ya diseñada y por tanto es una oportunidad inmejorable para la innovación y la creatividad de la dirección general y la de Recursos Humanos.

Veamos algunos ejemplos reales.

Atenas, 2011. La dirección organiza una jornada sobre el compromiso con la seguridad en la que se pretende formar a todos los empleados en las reglas de oro de la seguridad de ese negocio en particular. Se contrata a un mimo para que teatralice cada una de las reglas y subgrupos de empleados en el curso compiten para ver quién adivina antes a qué reglas se refiere y qué dice la regla.

También se puede hacer con un directivo leyendo en alto las reglas de oro. Decídase cuál de las dos opciones tendrá un potencial mayor de impacto.

Chile, 2003. Una importante empresa del sector decide hacer un diccionario técnico de construcción (inexistente hasta ese momento) para publicitar su liderazgo en el mercado.

Uno: se incluye el polaco entre los idiomas traducidos para demostrar su compromiso con ese país, que era una apuesta estratégica, lo que transmite este hecho con mayor claridad que 20 discursos del director general

Dos: se regala el primer ejemplar in situ en una obra en Los Ángeles (pequeña ciudad de Chile). Hace entrega el director de Recursos Humanos, a pie de una obra en la que está trabajando un encargado que contribuyó al volumen con las primeras 400 palabras incluidas en el diccionario, recogidas en sus muchos años de experiencia internacional. La empresa demostraba con este gesto su compromiso con la difusión del conocimiento y con el reconocimiento positivo hacia los empleados comprometidos a su vez con la estrategia de la empresa.

Nunca se debe olvidar hacer una fotografía y publicarla en la revista interna, de modo y manera que no solo se tendrá el gesto con el empleado, sino que además el empleado se enorgullecerá de salir en la revista, se la enseñará a sus familiares y amigos, presumirá de empresa y todos los empleados serán testigos de la manera de actuar de la compañía.

Un ejemplo de ello clarificará la idea subyacente. Navidades 2005, 2006, 2007, 2008, 2009… Una empresa de servicio al cliente decide que los directores del equipo directivo feliciten en persona a través de su móvil en Nochebuena a los empleados de guardia esa noche tan particular, de modo que quede patente el compromiso de la dirección con el servicio excelente. Las reacciones de los empleados son de enorme agradecimiento, explicitando la gratitud acerca de recibir una llamada personal por la noche de Nochebuena pidiendo saber cómo va la noche y preguntando cuándo se podrá reunir con la familia.

También se producen anécdotas simpáticas:

–¿Pepe Pérez? Soy el director de Recursos Humanos y te llamo para agradecerte en nombre de la compañía que estés dando servicio a nuestros clientes una noche tan familiar como la de hoy.

–Eh, bueno, si tú dices que eres el director de Recursos Humanos me lo creo; si no, pensaría que es una broma, porque llevo toda la vida trabajando aquí y nunca nadie se preocupó por mí en Nochebuena…

Veamos otro ejemplo. Terremoto en Lorca, 11 de mayo de 2011. La empresa, como todas las que operan en esta localidad murciana, se ve afectada brutalmente por los efectos del terremoto, pero las consecuencias son peores entre los empleados, pues casi todos tienen sus casas destruidas o muy dañadas.

Cinco miembros del máximo equipo directivo de la compañía deciden viajar el domingo siguiente a Lorca para visitar la oficina de la empresa y acompañar a los empleados afectados a sus domicilios, de modo que puedan conocer de cerca el impacto en la ciudad y demostrar su solidaridad con los empleados.

La ciudad parece un decorado de cualquier película americana de guerra y acción, pero en este caso es real, desgraciadamente: está tomada por la policía y por los bomberos y el espectáculo es dantesco.

Delante del equipo directivo y durante la visita por la ciudad, un empleado municipal cambia la cruz roja marcada con pintura en el edificio (indicando que no es habitable debido a los efectos del terremoto) por una cruz verde (que indica que los desperfectos son solo estéticos pero no estructurales). La familia se abraza y llora de alegría. El equipo directivo es testigo de ello.

La empresa decide sobre la marcha aplicar medidas extraordinarias para ayudar a los afectados, que incluyen, entre otras, donar un dinero a fondo perdido y conceder créditos especiales para la rehabilitación de la vivienda afectada o la compra de una nueva. La reacción de la plantilla de Lorca –¡y la de toda España!– es excepcional.

En comunicación interna hay que conseguir que tus hechos hablen más fuerte que tus palabras.

Madrid, 2010. En la fiesta de Navidad y para demostrar su compromiso con la responsabilidad social corporativa, una empresa contrata a Bomberos sin Fronteras para instalar una tirolina desde la segunda planta al jardín del edificio y que los empleados jueguen tirándose por ella. Se trata con ello de romper la rutina habitual de trabajo en una oficina, facilitar la creación de un ambiente informal de trabajo y celebrar el éxito el año de una manera diferente.

En su introducción frente a todos los empleados, el representante de Bomberos Sin Fronteras dice: «hemos venido a tirar a vuestro director general por la ventana». Fuerte aplauso, los empleados han conectado con la idea.

Para terminar el capítulo, respondamos a una pregunta recurrente en el mundo de la empresa: ¿hay que hacer comunicación interna con los sindicatos y los comités de empresa? Rotundamente sí. Incluso cuando no haya ninguna obligación legal de hacerlo.

Podemos concebir los sindicatos solo como una fuerza negativa, de freno a los proyectos de la empresa, y en esa hipótesis nuestro objetivo máximo se cumple cuando la capacidad de obstaculizar por parte sindical sea cero.

Esta idea es tremendamente poco ambiciosa en nuestra opinión: hay otro concepto alternativo y es que se puede conseguir que los sindicatos aprueben con entusiasmo proyectos de la empresa, en cuyo caso no solo no frenan sino que empujan los proyectos de la empresa, ayudando ellos también a que todos los esfuerzos sumen en el resultado final de la empresa.

Para ello hay que hacerse la siguiente pregunta: ¿es Rafa Nadal mejor jugador de tenis porque su rival sea Roger Federer? La respuesta es sí: Rafa Nadal es mejor tenista gracias a tener un rival extraordinario que le fuerza a ser mejor jugador cada día. Si Roger Federer fuera peor, Rafa Nadal sería peor también.

Los sindicatos juegan ese papel en la empresa: son rivales incómodos pero te hacen mejor, más sólido, más convincente, más atento a las limitaciones de los proyectos de la compañía. A menudo se tarda más en llegar cuando dialogas con los sindicatos, pero también en muchos casos se llega más lejos.

Resumen

1. La comunicación interna es la pieza clave para que los empleados se comprometan con la empresa.

2. Cada acción de comunicación tiene que estar manifiestamente ligada al proyecto estratégico de la compañía.

3. Se debe dar la información interpretada o digerida para cada nivel.

4. Nunca es suficiente el esfuerzo realizado en comunicación interna, siempre se puede hacer un poco más.

5. En ausencia de la suficiente comunicación interna solo tendrás rumores circulando por la empresa.

6. Haz que las comidas de trabajo sean una herramienta de comunicación interna.

7. Utiliza pequeños obsequios con el logo de la compañía siempre que puedas para maximizar el vínculo emocional del empleado con el proyecto.

8. Sé original y creativo en el diseño de cada programa.

9. En comunicación interna hay que conseguir que tus hechos hablen más fuerte que tus palabras.

10. Con comunicación interna se puede conseguir que los sindicatos aprueben con entusiasmo proyectos de la empresa, en cuyo caso no solo no frenan sino que empujan los mismos.

5 | Responsabilidad social corporativa

Las empresas más competitivas tratan de atraer y retener a los mejores profesionales disponibles en el mercado laboral, factor clave para el éxito de cualquier proyecto a medio y largo plazo. Para conseguirlo, tienen que hacer atractiva la compañía para los actuales y para los potenciales empleados en el futuro; en definitiva, conseguir que la empresa tenga una buena imagen en la sociedad y que esta imagen esté asociada a valores compartidos socialmente.

Si analizamos la evolución de las organizaciones en este sentido, se pueden establecer cuatro etapas históricas:

Etapa 1. La empresa se centra en conseguir que los empleados actuales confíen en la misma

Para lograr este objetivo, las compañías tienen que hacer bien las cosas internamente, tener una administración transparente, que los profesionales perciban que las reglas del juego interno son justas y que la conflictividad social se resuelva por vía del diálogo y del acuerdo.

La mayor parte de las organizaciones líderes ya han superado esta etapa, que es condición necesaria pero no suficiente para crear una buena imagen.

Etapa 2. La empresa se centra en despertar el sentimiento de orgullo en los profesionales por pertenecer a la corporación

Se realizan acciones de comunicación interna, como revistas o vídeos divulgativos de las políticas o éxitos de la compañía, convenciones, pequeños regalos publicitarios o jornadas de puertas abiertas. También favorecen este sentimiento los cursos de formación que fomenten la empleabilidad del individuo.

Muchas empresas están trabajando en potenciar este sentimiento y no esperando a que surja por generación espontánea. Sin embargo, están conviviendo con la dificultad de generar orgullo de pertenencia cuando el mercado no es tan favorable y se debe reducir la plantilla, lo que, paradójicamente, provoca sentimientos encontrados y mayores dificultades para llevar a cabo el proceso de reestructuración.

Etapa 3. La empresa se centra en la conciliación de la vida profesional y personal

Se está desarrollando mediante la implantación de medidas como horario flexible, el viernes informal *(Casual Friday),* teletrabajo, ayuda para guardería, apoyos para resolver gestiones de la vida diaria, mantenimiento del coche o trámites administrativos, campamentos o clases particulares para los hijos, agencia de viajes interna, asociación a clubes deportivos... y tantas otras ideas que sintonizan con una situación social de trabajo de ambos miembros de la pareja y la consiguiente demanda de facilidades para la organización de la vida doméstica y de ocio.

Etapa 4. La empresa se centra en la responsabilidad social corporativa

Conseguir que, en una economía de mercado, los profesionales sientan que aportan a la sociedad algo más que su trabajo remunerado es una tendencia social que ha cobrado un fuerte auge y a la que cada vez más empresas son sensibles.

Convenios de colaboración con ONG, aportaciones voluntarias de fondos por parte de los empleados y complementados por la empresa para algún fin social o cesión voluntaria de un día de tiempo o sueldo para alguna labor solidaria son el camino, sin duda, porque sintonizan con los sentimientos de la sociedad española, de donde las compañías quieren extraer la mejor gente para trabajar en sus proyectos.

En todo caso, la creatividad en este campo para las direcciones de Recursos Humanos de las empresas es enorme, casi tanto como la dificultad de convencer a los equipos de dirección de la conveniencia de invertir en estos asuntos tan aparentemente alejados del negocio principal.

Eso sí, de acertar en la elección de las ideas apuntadas, los profesionales se enorgullecerán de trabajar para organizaciones serias, que desarrollan a sus equipos en lo profesional, cuidan a su gente en lo personal, socialmente solidarias y con buena imagen en la sociedad. Y las compañías serán más atractivas y tendrán mejor imagen en su entorno social, de donde deben proceder las personas clave para su desarrollo futuro.

Veámoslo con ejemplos. San José del Cabo (Baja California Sur, México), 2003. Un devastador huracán causa enormes daños en esta pequeña y entrañable ciudad, mientras una importante constructora española hace un complejo turístico en la zona.

El jefe de la obra toma la iniciativa de reunirse con su equipo y deciden dirigirse a las autoridades de la zona para ofrecer que toda la plantilla colabore de manera desinteresada en la limpieza de la ciudad durante tres días.

El impacto en la percepción de la población local sobre la manera de trabajar de las multinacionales españolas sube muchos enteros. El orgullo de los empleados por trabajar en una empresa sensible a su entorno subió igualmente y el impacto en el tiempo de entrega al cliente de la obra finalizada fue minúsculo.

Visto el éxito de esta historia, la multinacional empieza a colaborar con una ONG en Londres dedicada a intervenir proporcionando personal especializado en obras públicas en los primeros momentos de cualquier desastre natural.

Este caso demuestra que, en ocasiones, la iniciativa personal y exitosa de un empleado situado muy lejos del epicentro político de la compañía cambia una política entera de una multinacional.

Estambul, 2007. Proyecto *Sister School*. Dadas las carencias de medios educativos en Turquía, la empresa y sus empleados eligen una escuela en la zona más pobre del país a la que nutren de mochilas, material escolar y libros de texto comprados por los empleados y de ordenadores de segunda mano donados por la compañía después de su vida útil para la multinacional.

Además, y para apoyar el crecimiento progresivo de las mujeres en la sociedad turca, la niña con mejores resultados de esta *sister school* es invitada cada año a visitar Estambul con sus padres y retratarse con el director general de la compañía para que la foto se publique en la revista interna junto con su historia.

Haití, 2009. Un enorme terremoto deja herida casi de muerte a Haití. La ONG Bomberos Unidos Sin Fronteras, esponsorizada por una multinacional del transporte vertical, envía bomberos voluntarios y perros adiestrados a la zona para tratar de rescatar a personas atrapadas en los escombros.

El éxito rescatando supervivientes en varias ocasiones es la noticia con la que se abre el informativo del día siguiente en el país sede de la compañía. Todos los empleados ven en la televisión su contribución a hacer un mundo mejor.

Elegir Bomberos Unidos Sin Fronteras como ONG a la que apoyar fue una decisión acertada en la medida en que son un cuerpo de funcionarios públicos universalmente bien aceptado y valorado (particularmente después de su heroica labor en el atentado de las Torres Gemelas) y la multinacional tiene como uno de sus

A modo de ayuda para el pensamiento, he aquí algunos sectores de actividad e indicaciones de posibles áreas donde localizar ONG para financiar:

- Farmacéuticas: magia o payasos para niños hospitalizados.

- Ascensores: eliminación de barreras arquitectónicas.

- Construcción: ayuda en desastres naturales.

- Automóvil: ayuda en tratamiento del alcoholismo.

- Banca: ayuda al refugiado.

- Alimentación: tratamiento de la obesidad y de la anorexia.

Con mucha frecuencia los empleados toman la iniciativa y proponen a la dirección actividades solidarias (si el ambiente laboral y el liderazgo lo facilitan). Salvo que estén radicalmente mal orientadas, es siempre la mejor decisión que estas fructifiquen y se ejecuten. El papel de la dirección debe ser solamente el apoyo activo y claramente visible a la idea.

Madrid, 2008. Un grupo de empleados de una gran empresa sugirió que, para compensar el impacto medioambiental de las miles de furgonetas que daban servicio al cliente en la calle y contaminaban el medioambiente, se podía organizar en sábado una actividad voluntaria de plantación de árboles. Se eligió una zona protegida al lado de un precioso pantano. 300 voluntarios plantaron miles de árboles (pinos, alcornoques y encinas) que hoy siguen creciendo y que algunos han ido a visitar ya otras dos veces más.

La empresa sufragó el autobús y la comida en una barbacoa en el campo. Pero lo más bonito e impactante fue ver a los hijos y los nietos plantando árboles con sus padres, empleados de la compañía.

De hecho, la imagen del presidente de la compañía plantando un árbol con su nieto en una empresa de más de un siglo de vida fue todo un símbolo que se publicó en la portada de la revista interna.

Dicho en otras palabras, si la estrategia de la empresa pasa por la apuesta por el largo plazo y la crisis es solo un paso intermedio, esta es una magnífica manera de explicárselo a los empleados, tocándoles la fibra sensible.

No olvidemos, una vez más, que este libro trata de explicar formas prácticas y concretas de conseguir que 1+1 sea igual 3, o sea, de maximizar la implicación y el compromiso de todos y cada uno de los empleados para dar lo mejor de sí mismos por la empresa (y que la empresa se haga acreedora de ese compromiso). En definitiva, que todo sume.

Finalmente, apuntaremos unas palabras respecto a la financiación de los proyectos.

Normalmente se acepta como regla que la empresa sea tan generosa como lo son sus empleados. Si se recaudan fondos para ayudar al tratamiento contra el cáncer y todos los empleados donan un total de 500 euros, la empresa pondrá otros 500 euros; si los empleados donan 40.000 euros, la empresa pondrá 40.000 euros.

El problema surge cuando se pide dinero directamente a los empleados, mecanismo que en poco tiempo muestra sus carencias y reduce dramáticamente la aportación de los mismos. Por eso tienen más éxito a largo plazo, y desde aquí las sugerimos, fórmulas que impliquen un gasto por parte del empleado con una contraprestación visible para este, y que esos ingresos se dediquen posteriormente a acción social corporativa. Por ejemplo:

- Pago simbólico (1 euro) por el uso de las instalaciones deportivas de la compañía (padel, gimnasio,…).

- Pago simbólico (1 euro) por el uso de ropa informal el viernes informal.

- Pago por la participación en los campeonatos deportivos entre los empleados de la compañía.

- Pago simbólico (1 euro) por la participación en las fiestas sociales, como la fiesta de Navidad.

- Pago por la compra del vídeo resumen de los campeonatos deportivos entre los empleados de la compañía o del vídeo resumen de la fiesta de Navidad.

- Pago simbólico (10 euros/mes) por el uso personal de plazas de garaje cubierto de la compañía.

Resumen

1. La acción social de la empresa permite atraer, retener, generar orgullo de pertenencia y comprometer con los valores de la compañía a los mejores profesionales disponibles en el mercado laboral.

2. Es más recomendable decidir proactivamente la ONG a la que la empresa financia y que la actividad de esta esté ligada a los valores de la compañía.

3. Se deben apoyar con claridad todas las iniciativas que con frecuencia toman los empleados y proponen a la dirección si se alinean con los valores de la compañía.

4. Es bueno prestar atención a iniciativas personales de éxito: pueden ser buenas prácticas dcl futuro.

5. Aplicar la regla de que la empresa sea tan generosa como lo son sus empleados

6. Tienen más éxito a largo plazo fórmulas que impliquen un gasto por parte del empleado con una contraprestación visible para él mismo y que generan ingresos que se dedican posteriormente a acción social corporativa.

6 | El amor y el sexo en la empresa

Hay poquísima literatura sobre el amor y el sexo en la empresa. Sin embargo, no hay un solo director general, director de Recursos Humanos o director de línea que no tenga alguna anécdota al respecto y que no confiese que tuvo que resolver el problema sin ningún tipo de guía o marco de conducta a seguir en estos casos.

La situación es que muchísimos trabajadores van a sus trabajos recién duchados, afeitados, con las uñas arregladas, con el pelo limpio, bien vestidos, con ropa bien cuidada y combinada, etc. En general, tanto los hombres como las mujeres están en la parte alta de su poder de atracción física sobre otros cuando trabajan.

Es más, se considera, en general, que esta costumbre es la correcta y que cuidar y mantener una buena imagen personal ayuda al éxito profesional tanto en hombres como en mujeres, porque incrementa el poder de atraer la atención de los otros cuando hablan para exponer sus puntos de vista, así como la probabilidad de convencer con sus argumentaciones a los oyentes, sin menospreciar el hecho de que, para casi todos, es agradable compartir tiempo con alguien atractivo físicamente. En fin, que la mayoría de los trabajadores tienen una mejor presencia física los días laborales que los domingos por la mañana en casa.

A este componente humano del atractivo físico hay que añadirle además el atractivo intelectual. En el trabajo en general, las personas suelen estar también en la parte alta de su rendimiento intelectual: hacemos proyectos, resolvemos problemas, vendemos con éxito, hacemos viajes de negocios, negociamos...

Y finalmente, en el trabajo es dónde más poder tenemos para intervenir en la sociedad: somos jefes, aprobamos presupuestos, facilitamos contactos, aceleramos gestiones... Y eso hace atractivas a muchas personas para otras.

Con este panorama, podemos concluir que en la empresa y en el trabajo estamos rodeados de estímulos físicos, intelectuales y de poder que hacen muy grande la posibilidad de que unas personas se fijen en otras para enamorarse –siendo correspondidas o no–, hacerse amigos, desearse sexualmente, fantasear...

Un ejemplo. Madrid, 2009. El director de Recursos Humanos de la empresa recibe la visita de una ONG que tenía entre sus proyectos el de financiar las playas que prohibieran que las mujeres se quitaran la parte de arriba del bikini en España.

En empresas grandes, digamos de más de 1.000 empleados, se cumplen fielmente las estadísticas sociales: podemos estar razonablemente seguros de que en la empresa habrá el mismo porcentaje que vota a cada partido político que en la sociedad en general, el mismo porcentaje de divorciados, depresivos, aficionados a esquiar, etc. En conclusión, seguro que muchos de los empleados de la empresa no solo no quieren que haya playas sin *top less,* sino que les encanta ir a ellas. No parece conveniente la inversión si no se está razonablemente seguro de tener a la mayoría de la empresa detrás.

La empresa desestima colaborar económicamente en el proyecto, ya que prefiere permanecer neutral en los temas sensibles socialmente.

Chile, 2000. Dos ingenieros jóvenes, participantes en el programa de desarrollo de alto potencial de una multinacional de la construcción que pasaban uno de los períodos de rotación en Los

Andes en Chile, deciden no seguir en el programa porque han conocido a dos chilenas con las que salen y cuya relación no quieren perder. Se les mantiene en la empresa, conservando su puesto en la obra en cuestión hasta su finalización, pero se suspende su participación en el programa de desarrollo acelerado de potencial.

Enfrentados entre su deseo de progreso profesional y su felicidad personal, optaron por su felicidad personal, lo que a menudo es la mejor decisión para tu vida.

Respetar y aceptar la decisión de las personas sobre su vida privada es siempre la mejor opción para la empresa.

Madrid, 2002. Un empleado es suspendido de empleo y sueldo al comprobarse el abuso de la utilización de Internet a través del acceso en el ordenador de la compañía ¡900 veces en un mes a páginas con contenidos pornográficos!

Confrontado con la situación, el empleado dice que él no ha hecho nada, es el ordenador solo el que le guiaba de una página a otra y él solo miraba lo que pasaba.

La empresa debe mantener un criterio firme de respeto a las personas y tanto o más firme al respecto del uso profesional de las herramientas puestas a disposición de los empleados, como el correo electrónico o Internet.

Galicia, 2001. Un jefe de personal pretende autorizar las vacaciones de las mujeres de su departamento después de tocamientos sexuales en los servicios. Varias de las afectadas consiguen sortear la situación, irse de vacaciones y no ser violentadas sexualmente.

Una de ellas, sin embargo, no sabe cómo reaccionar y acaba recibiendo los tocamientos indeseados, generándole una depresión brutal que hasta varias semanas después no llega al conocimiento de la dirección de Recursos Humanos.

Una vez enviado un equipo para investigar lo ocurrido, y una vez clarificado, el jefe de personal se da de baja por depresión en un intento de evitar medidas disciplinarias.

La empresa le despide fulminantemente sin indemnización. El empleado demanda a la empresa y, varios meses más tarde, la empresa gana el pleito.

Madrid, 1997. En el currículo vienen un montón de datos personales de los candidatos, incluyendo con frecuencia foto, domicilio y teléfono móvil. Un alto cargo de la empresa entrevistaba los viernes por la tarde a las candidatas finalistas. La elegida era invitada a cenar para explicarle a fondo su puesto de trabajo.

Cuando saltó la primera denuncia de acoso, aparecieron una ristra de mujeres que declaraban que aquellas cenas, donde el buen vino corría a raudales, acababan con insinuaciones, toqueteos y proposiciones explícitas.

Una vez descubierto el asunto, se desvinculó al ejecutivo de la compañía.

Valladolid, 1990, Un empleado acude a Recursos Humanos para informar personalmente de que ha tomado conciencia y aceptación de su homosexualidad tras un curso de comunicación interpersonal impartido por la empresa cuyo objetivo es, ciertamente, mejorar la comunicación, pero no tomar conciencia de la orientación sexual de cada quien.

El desconcierto frente a esta situación inesperada se resuelve por la vía de la inacción. El departamento de Recursos Humanos no estaba preparado para afrontar esta situación.

Si la empresa tiene 1.000 empleados y el porcentaje de homosexuales en la población es del 5%, hay que estimar que en nuestra plantilla hay 50 homosexuales (por cierto, seguro que haciendo igual de bien que todos su trabajo profesional). Sin embargo, aunque la empresa debe convivir armónicamente con la realidad social de donde proceden y donde se integran sus empleados, el ámbito de la identidad sexual no debe trabajarse en la empresa sino fuera de ella.

Una cosa es la estadística, de la que debemos ser conscientes, y otra bien distinta la realidad de cada empleado, en la que la empresa no debe inmiscuirse.

Barcelona, 2008. Dos directores regionales (ella en Barcelona, él en Asturias) anuncian su relación personal a la dirección general y piden ayuda para resolver su situación, dado que no quisieran estar tan separados geográficamente como lo están. Se trata de dos buenos ejecutivos y la empresa quiere retenerlos a toda costa.

Debatido el asunto en profundidad, por la cantidad de implicaciones que tenía cualquier decisión que se tomara, se decide primero, y para ganar tiempo, invitarles a hacer un *Executive MBA* en Barcelona para que puedan verse regularmente los fines de semana. Así se hizo, consiguiendo mantener a cada ejecutivo en su correspondiente puesto de trabajo rindiendo con eficacia a pesar de la distancia geográfica.

La segunda etapa, al cabo de un tiempo, y cuando se pudieron forzar un poco las circunstancias para combinar necesidades de empresa y personales, se produce cuando son trasladados a la Comunidad Valenciana en distintas posiciones sin relación jerárquica entre sí.

Al cabo de varios años se casan e invitan a la plana mayor de la compañía. Hoy siguen siendo dos ejecutivos de gran éxito y reputación en la empresa.

Esta es una historia de éxito: la compañía apostó por retener y motivar a ambos directores y lo consiguió. Sin embargo, la base sobre la que se tomó la decisión no era la más acertada: el mejor criterio a seguir en estos casos es la profesionalidad en la toma de decisiones, es preferible decidir en la empresa basándose exclusivamente en criterios profesionales. Cuando uno se enfrenta a estas difíciles situaciones, no hay que olvidar el impacto que tienen en el resto de la plantilla, que generalmente no ve con buenos ojos que la empresa haga excepciones personales.

Pero en estos temas delicados no existen las soluciones matemáticas: se tome la que se tome se dejan aristas en el camino, que, solo si todo sale bien con el tiempo, confirmarán como acertada una decisión.

Dubái, 2007. Un ingeniero joven es trasladado desde España para un trabajo de tres años en la zona. Su novia tiene miedo a volar y decide no hacer excepciones y no volar a Dubái, así que se ven solo una vez al año los primeros dos años de traslado.

Transcurrido un tiempo, el ingeniero rompe la relación anterior y después de unos meses conoce a otra española en Dubái, inicia una nueva relación con ella, y cinco años más tarde está casado, tiene dos hijos y sigue trabajando en Dubái como local.

La influencia de factores personales en la historia de cada uno es impredecible pero sin duda marca tu vida.

Madrid, 2001. En un proceso de varios meses, varios empleados se dirigen al director de Recursos Humanos de la multinacional para informarle fuera del despacho y «en la confianza que nos tenemos» de que salen y tontean con una de las chicas más atractivas de la empresa.

El director de Recursos Humanos se aproxima profesionalmente a la interesada para evaluar si su carrera y sus resultados avanzan como se esperaba. Todo parece estar en orden. La interesada informa al director de Recursos Humanos, de pasada, que recientemente ha empezado una relación seria y planea casarse.

Al cabo de varios años, por azar, el director de Recursos Humanos se encuentra en unas fiestas regionales a la interesada con su ahora marido y un hijo y ella le cuenta, entre otras cosas, que es feliz.

Mientras tanto, algunos en la empresa seguían presumiendo de mantener relaciones con la atractiva mujer.

El director de Recursos Humanos nunca llegó a saber qué pasaba de verdad.

Barcelona, 2010. A partir de la demanda de una empleada de encontrar preservativos usados en los servicios de una pequeña oficina local de una gran multinacional y al ser el jefe de la oficina el único que tiene llaves de la misma, se sospecha que este se lleva prostitutas a la oficina las noches de los fines de semana.

Tras las primeras indagaciones, hay información no contrastada de que la persona graba las relaciones con las prostitutas y las proyecta a los compañeros varones de vez en cuando para relajar el ambiente tras alguna reunión hasta última hora.

¿Qué hacer frente a semejante situación? ¿Contratamos a un detective privado para pillarle in fraganti? ¿Exponemos directamente la situación al interesado para ver cómo reacciona? ¿Registramos su mesa de trabajo a la búsqueda de material incriminatorio? ¿Cómo preservamos la intimidad de la persona de acuerdo a las leyes?

Después de largas y delicadas gestiones, a pesar de la convicción del director de Recursos Humanos de que todo era cierto pero indemostrable jurídicamente, no se tomó ninguna medida disciplinaria contra el jefe de la oficina, si bien se le advirtió severamente y se le trasladó a otra oficina.

Nunca se repitió la historia.

No estamos seguros de la forma de resolver el problema, pero desde el punto de vista práctico la lección fue aprendida por él y sus compañeros de trabajo.

Finalmente, una reflexión más que humana: el director de Recursos Humanos, el director general y todos los demás directores son también de carne y hueso, también se han enamorado alguna vez, ninguno de ellos puede tirar la primera piedra poniéndose puristas de la castidad… pero deben ser los primeros en dar ejemplo para que la plantilla responda con 1+1=3.

Se conocen muchas historias en las que el director general y su secretaria se enamoran.

En algunas ocasiones se hace público y se procede en consecuencia de acuerdo a las reglas internas de la empresa (normalmente ponerles en lugares diferentes), con el consiguiente acuerdo tácito y la bendición de la plantilla. Pero en otras se intenta mantener en secreto durante años y años, y los protagonistas son vistos por algún empleado de la plantilla en alguna situación comprometida, se reciben anónimos en la dirección de Recursos Humanos y la empresa es pasto de rumores que no se pueden confirmar ni desmentir, con el descrédito consiguiente sobre la forma ética de proceder del director general, que le acompañará durante muchos años en la cultura de la empresa y en los chascarrillos populares, lo que hace enorme daño a la cultura ética de la empresa.

Si te enamoras tú y eres correspondido, comunícalo en cuanto la relación sea estable para buscar una solución ética y prácticamente adecuada para ambos miembros de la pareja y para la empresa.

Y sirva esta anécdota final como ejemplo de ello. Madrid, 1999. El jefe de formación y desarrollo de una empresa de 4.000 empleados tiene en su equipo trabajando a María, excelente técnica en Recursos Humanos, 15 años más joven y mujer extraordinariamente atractiva. Cada uno de ellos tiene una relación formal con su pareja y ambos próximos a casarse cada uno por su lado, el jefe tras un divorcio, María por primera vez.

En un momento determinado el jefe de formación y desarrollo anuncia su boda con su novia... Y tanto el jefe como María, su colaboradora, recibieron un montón de veces la enhorabuena ¡por haber decidido casarse el uno con el otro!

De esta manera tan peculiar se descubrió un rumor sobre la relación entre este jefe y su colaboradora que solo la boda con otra persona desmintió... pero a ojos de muchos empleados el jefe de formación y el técnico en Recursos Humanos mantenían una relación consentida por la empresa.

Resumen

1. El amor y el sexo forman parte de la vida y en el trabajo se dan las condiciones más favorables para que se manifiesten.

2. La empresa debe permanecer neutral en los temas sensibles socialmente, en particular en lo relacionado con el amor y el sexo.

3. Respetar y aceptar la decisión de las personas sobre su vida privada es siempre la mejor opción para seguir contando con un empleado comprometido con el éxito de la empresa y feliz en su vida personal.

4. El ámbito de la identidad sexual no debe trabajarse en la empresa, sino fuera de ella.

5. Es particularmente difícil delimitar en este tipo de casos lo legal de lo no aceptable en una empresa y lo más importante es asegurarse de que no se repitan comportamientos inadecuados.

6. El mejor criterio a seguir en caso de conflicto es la profesionalidad en la toma de decisiones; no se deben tomar decisiones empresariales basada en situaciones personales.

7. La empresa debe mantener un criterio firme al respecto del uso profesional de las herramientas puestas a disposición de los empleados como el correo electrónico o Internet.

8. Si te enamoras tú y eres correspondido, comunícalo en cuanto la relación sea estable para buscar una solución ética, práctica y adecuada para ambos miembros de la pareja y para la empresa.

7 | Los empleados de alto potencial y las políticas de desarrollo del talento

El tiempo va cada vez más rápido y las exigencias del cliente y de la sociedad apremian a acelerar todos los procesos.

Todos recordamos cuando después de un viaje de vacaciones debíamos ir a la tienda de revelado fotográfico y tardaban varios días en darnos nuestras preciadas fotos. Nos parecía lo normal, pero estábamos inquietos esos días hasta ver nuestras fotos.

Todos recordamos también como un grandísimo avance cuando estas tiendas se popularizaron y empezaron a verse mucho más cerca de nuestro domicilio bajo un rótulo que decía «Revelado en 1 hora». Nuestra ansiedad duraba entonces el tiempo de hacer la compra en los alrededores de la tienda.

Creíamos estar en el paraíso, cuando entonces surgieron las cámaras digitales y poco después los móviles con cámara fotográfica: ¡podíamos ver las fotos en el momento! Era casi la felicidad completa de la inmediatez... ¡pero todavía debíamos volver a casa para enseñarlas a nuestros amigos!

En la última etapa, ahora, podemos mandar las fotos a través de WhatsApp, SMS, correo electrónico u otros con nuestros teléfonos inteligentes, ya no tenemos que esperar ni un segundo: nada más fotografiar a la leona atacar a la cebra en el safari por Kenia, todos nuestros amigos en Facebook pueden sentir envidia de nosotros. ¡Qué maravilla de inmediatez!

Este factor del tiempo acelerado sucede exactamente igual en las empresas con el desarrollo de productos, ahorro de costes, lanzamiento de promociones, etc., y en particular, con la identificación, desarrollo y promoción de profesionales de alto potencial para los que Recursos Humanos es requerido a diseñar planes de eficacia casi inmediata.

Por contraposición a los altísimos ejecutivos de banca que presumían, hasta no hace mucho tiempo, de haber entrado en el banco en el puesto de botones (¿por qué demonios se le llamaría botones a esa posición?) o a los famosos programas de aprendices en casi cualquier fábrica (mediante los cuales un joven se incorporaba a una edad tempranísima a la empresa, era aprendiz durante cinco años, para entrar a continuación a la empresa en el puesto más bajo de la estructura jerárquica, llegando con suerte a jefe de departamento en 25 años, eso sí, enormemente socializado en la cultura de la empresa, lo que era positivo en un entorno en el que lo más probable es que no cambiara nunca de trabajo en su vida), el mundo de la empresa actual y la sociedad actual demandan mucha mayor velocidad en el proceso de desarrollo de futuros directivos.

Afortunadamente, hoy en día Recursos Humanos dispone de las herramientas necesarias para identificar, desde el reclutamiento y la selección, a las personas que tengan las competencias y los valores que más se ajustan al modelo de negocio y a la cultura de la empresa y en las cuales invertir tiempo y energía para acelerar su proceso de desarrollo y crecimiento en la empresa.

Lo mismo ocurre con los empleados actuales, la empresa puede recurrir a la evaluación por competencias, al Assesment Center, a la evaluación del desempeño anual, al organigrama en colores, a la matriz del talento, al *feedback* 360º, a los planes de sucesión, etc., para identificar las personas de más alto potencial a las que ofrecer muchas y variadas oportunidades de crecimiento que, con la proactividad, energía, esfuerzo, persistencia y entusiasmo del interesado, le lleven a ocupar posiciones más altas o de mayor impacto en el negocio en un período de tiempo más breve que si las cosas se dejaran evolucionar por sí solas.

percibieran los valores humanos y técnicos de los operarios, contribuyendo a un mayor respeto futuro y un mejor estilo directivo, así como, por supuesto, un efecto secundario: la eliminación de la prepotencia y el conocimiento vivencial de la cadena de producción.

El director de Recursos Humanos estaba haciendo una visita a la cadena de montaje, en concreto a la sección de pintura en donde dos gestores del 2000 estaban haciendo las mencionadas prácticas, y se le ocurrió preguntar al operario que estaba al cargo su opinión respecto al programa. Este le respondió: «la verdad que está bien esto de contratar gestores, ¡pero tanto como 2.000!».

Madrid, 2001. En mitad del auge de la construcción, una gran empresa constructora sufre una rotación inmanejable de ingenieros de caminos (la profesión más reclutada junto a los aparejadores en este entorno), lo que le dificulta enormemente adjudicar jefes de obra con el mínimo conocimiento y experiencia requeridos para la ejecución de las obras contratadas siendo, en estas circunstancias, la disponibilidad de recursos humanos formados y comprometidos el límite al crecimiento de la empresa.

Basándose en esa idea estratégica, la empresa decide poner en marcha un proyecto de desarrollo de la cantera de jefes de obra/ingenieros de Caminos. Se decide publicitar el programa en las principales escuelas de ingenieros de caminos de España, consiguiendo por un lado anticiparse a la competencia y por otro seleccionar a los mejores en origen, atrayendo a los mejores alumnos a la empresa, lo que, por cierto, es la primera receta para el éxito en cualquier programa de Recursos Humanos en una empresa: si seleccionas a los mejores profesionales, tendrás muchas probabilidades de tener la mejor compañía.

Curiosamente, en la Escuela de Caminos de Santander evalúan todas y cada una de las sesiones de un año académico y la sesión de la empresa en cuestión explicando cómo es el programa de desarrollo y la carrera profesional de un ingeniero es la mejor valorada todos los años por los estudiantes de último curso.

Advertidos de la urgencia de desarrollar estos perfiles y aconsejados por Recursos Humanos, la empresa decide mantener este grupo de personas bajo la dirección jerárquica y el presupuesto de este departamento, de modo que las prisas de la línea jerárquica no abortaran antes de tiempo el proceso de desarrollo del talento de estas personas de alto potencial. La experiencia demuestra que tan pronto como los trabajadores de alto potencial caen en una dirección de línea, esta reclama que se queden para siempre, de modo que Recursos Humanos ha de tener un buen entendimiento con la dirección general para resistir esas presiones.

Una vez incorporados en la empresa, se diseña un recorrido formativo que normalmente incluye los siguientes aspectos:

- Plan de introducción/acogida, en el que los participantes puedan ver y trabajar en las bases de la empresa y empezar a ser socializados en los valores de la misma, de los que luego tendrán que ser los principales adalides.

- Sucesión de dos o tres proyectos especiales con unos objetivos y resultados reales con dependencia jerárquica de Recursos Humanos y funcional del jefe para el que hace el proyecto y con una duración media de seis meses. Llamemos a estos proyectos A, B y C.

- Al cabo de dos años, tendremos profesionales de alto potencial que han pasado por A, B y C y que además de conocer la empresa desde abajo estarán listos para ser ubicados ya en una posición estándar de la compañía en A, B o C, donde los jefes ya les conocen y reclaman, o en cualquier otro sitio de la empresa con el valor añadido de conocer A, B y C.

- El proyecto de desarrollo de la cantera incluía también subidas de sueldo anuales para los participantes en la promoción del 10% anual, la participación en programas de formación en inteligencia emocional y en cursos de formación técnica específicos del recorrido de carrera diseñado para cada uno, balanceando las necesidades de la empresa y los deseos y capacidades del individuo. En contrapartida, los participantes debían tener movilidad geográfica absoluta durante el programa.

Las empresas que implantan estos sistemas de desarrollo acelerado de potencial sin duda pierden algún miembro por el camino que decide marcharse de la empresa, pero la experiencia indica que en todas y cada una de las promociones se consolida alguna persona como futuro posible director general... y en el camino, un excelente técnico, mando intermedio, jefe de departamento y ¡director de área!

Un participante en el proyecto de desarrollo de la empresa dejó la misma para emprender la aventura de la energía solar en Chile al haber conocido un chileno con experiencia y ganas de emprender en aquel país.

Dos años más tarde pidió una cita con el director de Recursos Humanos para pedir el reingreso en la compañía, explicando que el socio se había llevado todo su dinero y había desaparecido del mapa. Las razones del exparticipante fueron claramente expuestas: «quiero volver porque conozco la empresa y porque me conocéis, porque he tenido la valentía de emprender y la inteligencia de aprender de la experiencia y del error, porque me he hecho más humilde pero sigo teniendo los mismos valores y porque vengo, de nuevo, dispuesto a darlo todo».

Fue readmitido... porque el director de Recursos Humanos recordó la famosa escena en la que un director general presenta su dimisión a su presidente después de un error empresarial de un millón de euros.

–Paco, te presento mi dimisión, comprendo que la empresa no pueda perdonar un error de un millón de euros.

–Arturo, ahora que la empresa acaba de gastarse un millón de euros en que aprendas esta lección, que jamás olvidarás, no quiero que te marches de ninguna manera. ¡Vuelve al trabajo!

En definitiva, la empresa debe discriminar y hacer políticas de Recursos Humanos más aceleradas con las personas de alto potencial en todos los sentidos. Ello puede generar sentimientos de envidia en profesionales similares en la empresa, pero la inversión siempre merece la pena y hay que mantenerla incluso en momentos de crisis económica si la empresa tiene afán de continuidad en el tiempo.

Madrid, 2006. La empresa decide la puesta en marcha de un programa llamado ONE *(we are recruiting number one engineers for a number one Co)*. El programa contiene los elementos esenciales mencionados en otros ejemplos anteriores, pero añade el uso intensivo de mentores de los nuevos incorporados, idea de extraordinaria efectividad ya que:

1. Permite a los participantes tener alguien ajeno a Recursos Humanos y a la línea jerárquica en su proyecto en quien confiar, haciendo preguntas relativas a las costumbres de la casa (la cultura) para la multitud de dudas que tienen en los primeros meses de la incorporación sobre vacaciones, permisos, formación, valores, estilo directivo… y la empresa se asegura que los consejos proceden de personas ya validadas como valiosas.

2. Permite dar un rol a las personas de alto potencial ya existentes en la empresa, para conocer y vincularse más a ella (es altísimamente probable que todos ellos coincidan en el equipo directivo de la compañía a largo plazo, comenzando desde muy pronto a tener vínculos emocionales y experienciales en común que facilitarán las cosas en el futuro).

3. Permite a Recursos Humanos conocer trabajando a los actuales trabajadores de alto potencial de la compañía.

Si, a pesar de todos los elementos a favor de tener un programa de desarrollo acelerado de directivos, la realidad tozuda hace que ello no sea posible, ¿qué alternativa tengo para desarrollar el capital humano en mi empresa? Entonces, lo mejor es tomar conciencia de que, en la mayoría de las empresas, el futuro director general está ya trabajando dentro: solo hay que identificar a un grupo de entre 2-3% de la plantilla en el que desarrollar sus puntos fuertes y pulir sus debilidades para que, llegado el momento, la decisión sea fácil, intuitiva y bien aceptada por la plantilla.

A este aspecto dedicaremos el capítulo 8.

Resumen

1. Siempre debe haber una razón estratégica para implantar un plan de desarrollo del talento.

2. Pon un nombre especial al programa y difúndelo extensamente en el ámbito interno y externo, de modo que se aumente la reputación corporativa de la empresa y el efecto de atracción de los mejores profesionales disponibles en el mercado.

3. Mantén a este grupo de personas bajo la dirección jerárquica y el presupuesto de Recursos Humanos, de modo que las prisas de la línea jerárquica no aborten antes de tiempo el proceso de desarrollo del talento de estos profesionales de alto potencial.

4. Situar a actuales personas de alto potencial como mentores de los futuros pondrá los cimientos de un equipo directivo de alto rendimiento.

5. Piensa que en todas y cada una de las promociones se consolida alguna persona como futuro posible director general… y en el camino, ¡un excelente técnico, mando intermedio, jefe de departamento y director de área!

6. La inversión en personas de alto potencial siempre merece la pena y hay que mantenerla incluso en momentos de crisis económica si la empresa tiene afán de continuidad en el tiempo.

8

Planes de sucesión y de carrera

Hoy en día, la mayoría de las empresas han implantado muchas de las herramientas actuales de gestión de los recursos humanos. Sin embargo, desconocemos por qué, hay dos herramientas absolutamente estratégicas que muy pocas empresas tienen establecidas: el plan de sucesión y el cuadro de mando integral de recursos humanos.

En el plan de Sucesión analizamos uno por uno todos los puestos clave de la empresa y decidimos quiénes podrían ocupar esa posición a corto, medio y largo plazo.

No hay nada más estratégico ni de más valor que decidir anticipadamente los futuros directivos y prepararse en consecuencia.

Los planes de sucesión permiten fundamentalmente:

- Tener un plan de contingencia en caso de perder inesperadamente a un ejecutivo en la compañía.

- Conocer dónde tenemos exceso de candidatos potenciales para la misma posición, con el consiguiente riesgo de fuga de personas clave en la empresa por no haber huecos suficientes en la pirámide para todos ellos.

- Conocer dónde tenemos carencia de candidatos para la sustitución y, por tanto, un riesgo estratégico importante, que nos obligaría a asegurarnos la retención del actual ocupante del puesto y, probablemente, contratar nuevos jugadores en la empresa más o menos júnior en función de la edad del director a sustituir.

- Implantar planes de acción que permitan que, en el momento de la transición, los sucesores estén preparados para un salto sin traumas ni mermas en el desarrollo del plan estratégico de la empresa o en los beneficios de la misma.

Es verdad que en los planes de sucesión se debate con la información más confidencial y valiosa de la empresa, como es la valoración y el futuro de los principales ejecutivos de la compañía, razón por la cual confidencialidad y profesionalidad son las dos palabras a conjugar.

Los planes de sucesión, como todas las herramientas que Recursos Humanos pone a disposición de la línea jerárquica y de la dirección general, tienen unas reglas del juego:

- Deben ser sistemáticos: se debe fijar fecha con anterioridad y seguir un proceso estándar.

- Deben tener la misma cadencia temporal: la más utilizada es de una vez al año la decisión y revisión de progresos a los seis meses.

- Deben contar como mínimo con la participación del director general y del director de Recursos Humanos.

- Deben ser un ejercicio eminentemente práctico: se debe hablar del organigrama real y de nuestros ejecutivos de hoy.

- Te obligan a inventar soluciones no estándar.

- Deben incluir siempre un plan de acción posterior.

Las herramientas más frecuentemente utilizadas durante las sesiones de trabajo para preparar un plan de sucesión son el organigrama en colores, que nos permite visualizar rápidamente dónde está situada la gente más valiosa, la matriz de puestos, y sobre todo, la matriz del talento, que nos permite identificar a las personas de alto potencial y a los expertos *(key contributors,* personas con un conocimiento específico clave para la empresa).

Repasemos algunos ejemplos. Estambul, 2008. La ausencia de un plan de sucesión en una filial de una importante multinacional hace que el director general piense que su potencial sucesor y futuro director general sea el actual director técnico de las fábricas.

El director técnico en cuestión sencillamente no habla una sola palabra en ningún otro idioma ¡que no sea el turco! De hecho, la entrevista que mantuvo con el director de Recursos Humanos internacional para evaluar su potencial tuvo que hacerse con intérprete turco-inglés, dando un resultado deplorable, como no podía ser menos, por la pérdida de calidad de la información tras traducciones a otros idiomas (turco-inglés-español).

Esto es absolutamente frecuente y normal que pase, ya que, en ausencia de plan de sucesión y de políticas de recursos humanos, cada director de línea propone al mejor de los que conoce, lo que en absoluto garantiza que sea el mejor de los disponibles en la empresa.

En este caso, la idea sencillamente quedó olvidada mientras la persona recibiera formación intensiva en inglés, no siendo en ningún caso previsible estar listo para la sucesión a medio plazo, mientras no se resolviera esa enorme carencia para trabajar en una multinacional. Eso sí, dada la importancia estratégica de la posición, esta formación no se limitó a clases particulares, sino a intensivos de inglés en Turquía, estancias de varias semanas en otras fábricas del grupo y períodos de acompañamiento a colegas de otras partes del mundo.

Dicho en otras palabras, estar incluido en un plan de sucesión obliga a inventar sistemas acelerados de adiestramiento más allá de los planes de formación de lo que se haga normalmente en la empresa.

Johannesburgo, 2006. El plan de sucesión de la compañía local prevé que el director de Recursos Humanos sea el candidato idóneo para ser el futuro director general de la empresa: visión general, larga experiencia y gran conocimiento del negocio, madurez personal, liderazgo en el equipo directivo y ganas de seguir progresando… Sin embargo, la oficina central mundial de la compañía no acaba de verlo y se resiste a comprometerse con esa posibilidad.

Transcurrido un tiempo en el que no se avanza en ningún sentido, el director de Recursos Humanos de Sudáfrica abandona la empresa por falta de desarrollo profesional y hoy es director general en otra compañía.

Bonito regalo al mercado laboral, ¡dejar marchar un magnífico directivo!

En la entrevista de salida con motivo de su marcha, el director de Recursos Humanos saliente, de raza negra, recuerda los tiempos del *apartheid* cuando, estando ya en este cargo, se veía obligado a ir en coche desde Johannesburgo a Ciudad del Cabo (cinco horas) y hacer noche en la ciudad, mientras a su director general por el hecho de ser de raza blanca, se le permitía ir y volver en el día en avión (una hora de vuelo). Su conclusión personal y –¡ojo!– con la que se va a la siguiente empresa es que se le ha discriminado por su raza en 2006 igual que en tiempos del *apartheid*.

En una confidencia personal, fuera de la entrevista de salida, explicaba que sus hijos, que ya se educaban y convivían con niños blancos con total naturalidad, no tenían ningún resquemor, no se sentían para nada discriminados por el color de su piel, pero que él personalmente podría convivir sin resentimientos pero no olvidar las cosas que vivió.

Y es que, una vez definido el plan de sucesión, hay que hacer planes de acción para desarrollar a los candidatos incluidos en el mismo, que suelen ser los profesionales más valiosos para la empresa.

Es mejor desarrollar a una persona que al final no coge el puesto que perder un mirlo blanco de la empresa y regalárselo a la competencia

Ryad, 2010. El director financiero de la compañía local no percibe desarrollo profesional y anuncia su marcha de la empresa. El caso es que está considerado una persona de alto potencial y está incluido en planes de sucesión tanto para director general de la compañía en Arabia Saudí como para director financiero de un área geográfica internacional.

La empresa reacciona de inmediato con un viaje a Arabia Saudí donde será entrevistado por varios altos ejecutivos para intentar retenerlo.

La suerte se alía con la compañía esta vez, ya que, en otro lugar del mundo, se produce una baja voluntaria de una persona no incluida en ningún plan de sucesión, lo que permite recolocar en solo un mes al director financiero en una nueva posición internacional que le satisface plenamente y así retenerlo en la empresa. Una vez resuelta la situación, el director financiero confiesa que, si no es por la rapidez de respuesta, hoy estaría trabajando para la competencia.

El plan de sucesión permite priorizar las personas a las que se debe retener a toda costa en la empresa.

Connecticut, 2012. El presidente mundial de una corporación deja voluntariamente su puesto de trabajo y por tanto una vacante que hay que cubrir rápidamente por la envergadura de la posición.

Gracias a las buenas políticas de Recursos Humanos en este caso relativas a los planes de sucesiones ya acordados, en una semana se decide:

- Ascender a presidente mundial a un presidente de área en Europa.

- Ascender a un director general del País a presidente de área en Europa.

- Promocionar al director general de India a director general de Italia.

- Promocionar al director general de Dubái a director general de India.

- Ampliar las funciones del director general de Turquía con los Emiratos Árabes Unidos.

¡En un mes estaban todas las decisiones ejecutadas y los ejecutivos haciendo su nuevo trabajo después de la transición correspondiente!

En una situación como esta, se visualiza con claridad que el tiempo invertido en realizar planes de sucesión es un tiempo que aporta enorme valor añadido a la empresa. ¿Cuántas reuniones y horas de trabajo habría costado decidir todo este curso de acción sin planes de sucesión? ¿Cuánto dinero le habría costado a la empresa iniciar el curso de acciones sin planificación previa ni formación y desarrollo anticipado a los candidatos? ¿Cuánto mayor sería el riesgo de tomar decisiones equivocadas frente a una situación como la descrita?

Y es que no hay nada más estratégico ni de más valor que decidir anticipadamente los futuros directivos y prepararse en consecuencia.

Casablanca, 2011. El director financiero deja la compañía por tener una mejor oportunidad profesional. Hay que poner en marcha el plan de sucesiones y aplicar lo que allí está recogido y previsto: no hay sucesor dentro de la empresa, hay que solicitar los servicios de un cazatalentos.

Sin embargo, el director general quisiera nombrar director financiero a un jefe de departamento por su enorme lealtad, gran dedicación y experiencia, resaltando los elementos positivos de su perfil.

La corporación (Finanzas y Recursos Humanos) no ve con buenos ojos esta idea, ya que se fija en los elementos negativos de su perfil: poco dominio del inglés, falta de experiencia en análisis financiero, poca visión global y carácter apocado que no le ayudaría en su nueva posición. Todo esto ya se había debatido durante las conversaciones sobre planes de sucesiones.

Ante la insistencia del director general de la compañía en Marruecos, la empresa decide realizar un profundo y detallado método de evaluación (Assesment Center) para analizar por parte de un experto ajeno la posibilidad del ascenso. El informe es favorable al ascenso con indicaciones del plan de acción para el desarrollo de las áreas de mejora del interesado.

Tras mucho debate, finalmente se aprueba el ascenso y el rendimiento del nuevo director financiero es más que aceptable y su compromiso extraordinario, y además el director general de Marruecos está encantado por haber hecho prevalecer su criterio. De nuevo se demuestra que cuando se hacen bien las cosas 1+1 =3.

Por tanto, el plan de sucesión no es algo rígido o inamovible, debe debatirse cada vez que hay que aplicar las decisiones allí contenidas, pero el número de veces que se aplica tal cual justifica sobradamente el tenerlo siempre hecho y actualizado en el tiempo.

El Cairo, 2006. El joven egipcio, impaciente y pletórico de energía director comercial de la empresa conoce su inclusión en el plan de sucesiones para ocupar el puesto de director general, en el momento en el que el expatriado (no egipcio) que actualmente ocupa la posición dé el siguiente paso en su carrera.

Sintiéndose apoyado por la empresa, el director comercial empieza a discutir las decisiones del director general, planteando planes alternativos de acción fuera del equipo directivo, de acuerdo a su criterio, distinto que el del director general, y empieza a buscar apoyos en el equipo directivo a dichos planes de acción alternativos basándose en la idea de que un director general en Egipto tiene que ser egipcio porque, en otro caso, no se entienden las particularidades del mercado de Egipto.

El director general no reacciona inmediatamente, ya que lo considera una característica propia de la falta de madurez profesional que el director comercial curará con el tiempo y la suma de experiencias críticas. Sin embargo, la situación provoca una enorme confusión en los demás miembros del equipo directivo, que, entendiendo que el actual director general está haciendo bien su trabajo, no saben interpretar si están viviendo un golpe de Estado o si es que el director comercial tiene información privilegiada de un cambio inminente en la dirección general y solo está dando los primeros pasos para incorporarse a su nueva posición. La situación llega a ser tan estrambótica que el presidente y el director de Recursos Humanos del área deben viajar a El Cairo para entender bien qué está pasando y ordenar la situación.

Las decisiones que se tomaron empezaron por avisar seriamente al director general por habérsele escapado la situación de las manos y mantenerle en su puesto más tiempo del inicialmente previsto, aunque con ello se retrasara y dificultara su retorno de la expatriación y su paso al siguiente puesto en su carrera profesional.

Finalmente, y en relación con el director comercial, se le forzó a esperar más tiempo en su actual posición antes de su promoción para comprobar su madurez profesional, que, sin duda, incluye respetar la jerarquía hasta el mismísimo momento en que uno es nombrado para la posición.

La situación se recondujo con éxito, el director comercial aprendió a tener paciencia, humildad y respetar a su director general mientras lo fuera y finalmente fue nombrado él mismo director general al cabo de tres años, puesto en el que sigue actualmente con notables resultados.

Resumen

1. En ausencia de plan de sucesión y de políticas de recursos humanos, cada director de línea propone al mejor de los que conoce, lo que en absoluto garantiza que sea el mejor de los disponibles en la empresa.

2. Haz siempre un plan de sucesión en tu empresa y actualízalo una vez al año con Recursos Humanos: no hay nada más estratégico ni de más valor que decidir anticipadamente los futuros directivos y prepararse en consecuencia.

3. Una vez definido el plan de sucesión, haz planes de acción para desarrollar a los candidatos incluidos en el mismo, que suelen ser los profesionales más valiosos para la empresa.

4. El plan de sucesión permite priorizar las personas a las que se debe retener en la empresa a toda costa y con quienes se debe reaccionar de inmediato si manifiestan su deseo de abandonar la empresa.

5. Estar incluido en un plan de sucesión obliga a inventar sistemas acelerados de formación más allá de los que se hagan normalmente en la empresa.

6. El plan de sucesión no es algo rígido o inamovible, hay que debatirlo cada vez que se apliquen las decisiones allí contenidas, pero el número de veces que se aplica tal cual justifica sobradamente el tenerlo siempre hecho y actualizado.

7. En general, es mejor que los interesados no sepan, o que no lo sepan con mucha claridad, su inclusión en un plan de sucesión, ya que pueden darse consecuencias indeseables si el interesado no tiene todavía la madurez apropiada para el siguiente nivel en la empresa.

9

El *feedback* en la empresa

En el lenguaje de la empresa, el *feedback* es toda aquella información que recoge el emisor de los efectos que causa su conducta en el receptor.

Esta información suele ser muy útil, ya que permite al emisor conocer, en primer lugar, si su conducta está siendo correctamente entendida (o si, por el contrario, la percepción de su comportamiento es diferente a la intención del mismo) y, en segundo lugar, la repercusión que dicha conducta está teniendo en el interlocutor.

El resultado de este proceso psicológico es normalmente una mejor adaptación entre emisor y receptor.

Ejemplo: una persona conduce su coche y recoge a un amigo para un recorrido de una hora. Al entrar en el coche el amigo dice:

–¡Uff, qué frío hace en este coche!

Prácticamente, en el 100% de los casos, la reacción del conductor es ajustar el aire acondicionado del coche. Esto es *feedback* en acción.

El *feedback* tiene un enorme impacto en nuestra vida, aunque casi siempre su efecto pasa casi inadvertido ya que, en gran medida, somos lo que somos por el *feedback* que recibimos.

Pensemos en cosas de nuestra vida tales como el corte de pelo que llevamos, el largo de las patillas, el flequillo, los colores de las camisas que vestimos, el tipo de gafas que usamos, nuestro aprecio por alguna parte en particular de nuestro cuerpo… o aspectos más profundos, como quién es el que organiza el día a día de los viajes de vacaciones, quién el que lleva las cuentas en casa… Casi siempre, después de una mínima reflexión, descubrimos que alguien de nuestro entorno nos ha repetido con frecuencia que les gusta esa característica nuestra, y ello ha ido configurando nuestra imagen hacia los demás y nuestra personalidad.

En el caso de la empresa, *feedback* es lo que hacemos cuando damos nuestra opinión o evaluación del comportamiento de alguien. Es, por tanto, cualquier comunicación que facilita información a otra persona acerca de nuestra percepción de su forma de actuar y de cómo incide en nosotros su conducta.

La capacidad para facilitar y recibir *feedback* es fundamental para el éxito en cualquier rol directivo y, en la práctica, es una de las funciones más importantes que debe desempeñar el directivo como tutor o como fuente de desarrollo de las personas que colaboran con él/ella.

En las empresas más avanzadas, el *feedback* no solo es un efecto espontáneo de la comunicación entre seres humanos, sino que se estructura como un proceso formal y se centra en las competencias clave para el éxito que requieren un determinado puesto de trabajo o la compañía en su conjunto.

Normalmente llamamos a este ejercicio *feedback* 360º porque en el centro del círculo se encuentra la persona, que hace su autoevaluación y recibe además retroalimentación desde abajo de sus colaboradores, desde arriba de su jefe y desde los laterales de sus pares.

Por lo común, el *feedback* recogido de esta manera fortalece la probabilidad de que se perpetúe el comportamiento deseado, potencia los puntos fuertes del individuo y sus contribuciones a la organización, mejora la relación entre el directivo y el empleado generando confianza y una comunicación de doble sentido entre emisor y receptor y da pistas de por dónde mejorar los puntos débiles.

Algunos ejemplos nos ayudarán a comprender mejor este aspecto. Madrid, 1992. Desde los cuarteles generales de Nueva Jersey en Estados Unidos llegaban periódicamente a la empresa políticas nuevas que Recursos Humanos debía implantar localmente, más o menos adaptadas, como era habitual en multinacionales. Una de esas políticas fue el *feedback* 360º, que inicialmente fue implantado solo como *upward feedback,* es decir, que los empleados opinaran sobre sus jefes, de abajo arriba, de forma general.

El programa venía acompañado de sesiones de formación, primero para los profesionales de Recursos Humanos y luego para el conjunto de gestores de personas que habían de conocer bien esta metodología, sus objetivos y utilidad. El asunto parecía verdaderamente novedoso, e incluso rompedor con la cultura imperante en gran parte de nuestras empresas, en las que la jerarquía predominaba como un valor.

Recursos Humanos se puso a ello con toda la ilusión, no sin dejar de ser conscientes del pequeño lío que se podía armar. Hoy esto parece más que superado, pero hace 20 años la cosa tenía sus riesgos.

Tras la oportuna formación y el plan de comunicación a todos los participantes –tanto a quienes darían el *feedback* como a quienes lo recibirían–, Recursos Humanos pasó a administrar las encuestas en papel a todos los gestores de personas con más de tres colaboradores a su cargo. Se dispusieron unas urnas selladas para enviar directamente las encuestas a Estados Unidos, sin que pudieran abrirse antes de llegar a su destino, con el fin de garantizar la confidencialidad de las opiniones –¡eran los tiempos previos a internet y al correo electrónico!–. Semanas más tarde recibíamos los informes que entregábamos cerrados a cada participante, y les dábamos apoyo para establecer su plan de mejora.

El primer año la cosa no fue demasiado mal, aunque algún jefe tuvo que tomar tranquilizantes, en sentido literal, tras darse de bruces con la realidad de lo que verdaderamente opinaba de él su equipo. Uno de los directivos tenía un buen número de colaboradores a su cargo y le precedía una cierta fama de mandón y algo latiguero. No obstante, el primer año compartió con Recursos Humanos sus resultados del *feedback* de abajo arriba, a pesar de que la primera vez era algo voluntario. La verdad es que no salió nada bien en la foto, pues algunos de sus colaboradores expresaban unas opiniones realmente malas.

El segundo año recibimos igualmente los cuestionarios que el jefe debía entregar a cada colaborador, para que cumplimentara de nuevo e introdujera en la urna. Obviamente se pretendía medir la evolución experimentada tras poner en práctica acciones de mejora. En este caso, y tras la primera experiencia, los formularios se entregaron personalmente al directivo para que a su vez los entregase a cada uno de sus colaboradores.

La sorpresa surgió al día siguiente, cuando uno de esos colaboradores apareció en el despacho del director de Recursos Humanos y le confesó que su jefe no le había entregado el impreso como a los demás, sin darle mayor explicación. Precisamente este empleado había tenido más de una discusión con este directivo, llevado por su carácter más fuerte o por su nivel de tolerancia más bajo frente al estilo autoritario que exhibía su superior.

Llamado el directivo para preguntarle la causa por la que había dejado fuera a este colaborador, la respuesta bastante directa y sin titubeos fue:

> –¿Para qué le voy a dar la encuesta a ese individuo, si ya sé que lo que va a decir sobre mí? ¡Todo mentiras!

Indudablemente, esto era una muestra inequívoca de que la herramienta estaba comenzando a dar sus frutos, pues afloraba información y con ella problemas latentes en la gestión de personas y en las relaciones humanas, en general, dentro de las organizaciones.

El directivo salió poco después de la compañía. La causa no fue el *feedback:* este solo fue un termómetro más que ayudó a la empresa a confirmar la presencia de comportamientos bastante disociados con los valores que preconizaba.

Milán, 2009. El ejecutivo, de buena familia, con un exquisito nivel de educación universitaria y MBA, está pasando una mala temporada, con mucha presión por los resultados y un nivel de correos electrónicos en la bandeja de entrada inmanejable. En este entorno, cada día entra a la oficina, no saluda a nadie porque todos saben lo ocupado que está, y se pone a trabajar en los correos electrónicos diarios.

Pasa el tiempo y el ejecutivo sigue al mismo nivel de ocupación, entrando sin saludar cada día a la oficina. Llegado el momento del *feedback* 360°, el equipo le transmite con rotundidad que le considera un maleducado y que no tiene la mínima consideración personal con ellos al no saludar nunca por la mañana.

El ejecutivo recibe una fuerte conmoción por ello al considerarse a sí mismo como una persona exquisitamente educada. Decide cambiar este comportamiento particular, fácil y de impacto inmediato y transcurridos seis meses tiene la oportunidad de hacer la entrevista de fin de beca de una becaria que ha estado unos meses en el departamento.

—Y dime, Flavia, ¿qué cosas te han llamado la atención de tu estancia con nosotros?

—Pues fíjate, algo que me he encantado ha sido que tú saludas todos los días, uno por uno, incluyéndome a mí, a todo el equipo. Que un director como tú haga eso cada día me ha hecho tener una magnífica impresión de cómo se cuida aquí a la gente.

Lisboa, 2011. Un ejecutivo de una multinacional recibe 100 correos electrónicos en inglés cada día. Llegan a todas horas y en cualquier momento y cada vez que entra uno suena una discreta alarma avisando de su entrada. El ruidito interrumpe permanentemente la conversación que el ejecutivo está manteniendo, ya que todas y cada una de las veces hace una lectura rápida del correo y prosigue después con la conversación interrumpida.

En el *feedback* 360º, sus colaboradores mencionan esta conducta como una de las que más les incomodan por perderse un montón de tiempo durante las reuniones, interrumpir su desarrollo normal y percibirse que los correos son la prioridad del ejecutivo y no la conversación con su equipo.

El ejecutivo decide averiguar qué hay que hacer en su ordenador y en su BlackBerry para eliminar el ruidito de la alarma avisando de la entrada de correos electrónicos. Una vez realizada esta operación, el cambio es inmediatamente percibido por el equipo, que elogia la nueva forma de trabajar.

Muchos de los comportamientos sobre los que recibimos *feedback* son fáciles de cambiar y este cambio tiene un efecto casi inmediato en nuestro entorno.

Madrid, 2006. Un ejecutivo con responsabilidad internacional discute con su presidente el porqué de una diferencia en sus evaluaciones sobre dos competencias clave de la empresa para la que trabajan. El interesado se ha autoevaluado muy bien en orientación a resultados (más bajo el jefe) y relativamente flojo en orientación al cliente (el jefe mucho más alto).

La conversación tiene este tenor:

–Víctor –comienza el jefe–, es que cada vez que tienes un problema en algún país te vuelcas con su director general, le das muchísimo apoyo, le ayudas a resolver la situación, le asesoras técnicamente hasta que el problema queda resuelto. Por eso te he puesto muy alto en orientación al cliente.

–¡Claro! –responde el colaborador–. Eso es exactamente lo que hago para resolver el problema y, gracias a ello, soluciono muchos en el año, y por eso me he autoevaluado alto en orientación a resultados.

La conversación posterior a un *feedback* 360º, que normalmente se produce, como mínimo, entre el evaluado y su jefe y entre el evaluado y su equipo, es enormemente clarificadora, y casi siempre conduce a un mejor entendimiento entre las partes para trabajar mejor conjuntamente.

Resumen

1. El *feedback* tiene un enorme impacto en nuestra vida, aunque casi siempre su efecto pasa casi desapercibido, ya que, en gran medida, somos lo que somos por el *feedback* que recibimos.

2. La capacidad para facilitar y recibir *feedback* es fundamental para el éxito en cualquier rol directivo.

3. El *feedback* es un regalo impagable, ya que nos proporciona información sobre cómo nos perciben los otros y ello enriquece enormemente el conocimiento de uno mismo a través del impacto que produce en los demás.

4. En las empresas más avanzadas, el *feedback* no solo es un efecto espontáneo de la comunicación entre seres humanos, sino que se estructura como un proceso formal *(feedback 360º)* y se centra en las competencias clave para el éxito.

5. Matar al mensajero nunca es una buena opción.

6. Falsear la muestra para salir mejor en la foto es solamente hacer trampas en el solitario.

7. Muchos de los comportamientos sobre los que recibimos *feedback* son fáciles de cambiar y tiene un efecto casi inmediato en nuestro entorno.

8. La conversación posterior a un *feedback* 360º, que normalmente se produce, como mínimo, entre el evaluado y su jefe y entre el evaluado y su equipo, es enormemente clarificadora, y casi siempre conduce a un mejor entendimiento entre las partes para trabajar mejor conjuntamente.

10

El cuadro de mando integral en Recursos Humanos

El cuadro de mando integral *(balanced scorecard)* se ha consolidado como una de las herramientas clave de Recursos Humanos para demostrar su valor añadido y su contribución estratégica al éxito de la compañía.

Entender y conocer esta herramienta se ha convertido en una necesidad para los directivos de Recursos Humanos si quieren mantener el rol estratégico y no solo funcional del departamento en la empresa.

Todavía más allá: los departamentos de Recursos Humanos que sean capaces de diseñar un cuadro de mando integral y comunicarlo eficazmente al equipo directivo, tienen más probabilidad de convertir, de verdad, a los recursos humanos en la principal ventaja competitiva de la empresa y limitar el impacto de la crisis económica en las políticas de recursos humanos a lo realmente necesario sin poner en peligro el compromiso de los empleados con la empresa.

La situación en algunas empresas en las que la dirección de Recursos Humanos no tiene un cuadro de mando integral es la siguiente.

Primera reunión de la mañana del director general con el director comercial:

–Mira, Roberto, este es el cuadro de las ventas de este mes por región, este es el resumen gráfico de la penetración del nuevo producto en cada uno de nuestros principales canales, esta es la estimación por meses de los beneficios que vamos a tener en el lanzamiento descontado el incentivo extra que estamos pagando al equipo de lanzamiento. La conclusión, como indican claramente estos gráficos y estas cifras es que...

Segunda reunión de la mañana del director general con el director financiero:

–Mira, Roberto, este es el cuadro de la evolución de los impagados en los últimos meses desde la introducción del nuevo sistema de telecobro, este otro gráfico explicita la evolución de la tesorería durante el primer trimestre para hacer frente al pago del dividendo. La conclusión, como indican claramente estos gráficos y estas cifras es que...

Tercera reunión de la mañana del director general con el director industrial:

–Mira, Roberto, en este gráfico he reflejado las salidas de producto semana a semana para que veas cómo estamos avanzando en ello hasta que tengamos estabilizada la producción, que, como se ve en este otro gráfico, estimamos que ocurrirá de aquí en cuatro meses teniendo en cuenta la estacionalidad del mercado. La conclusión, como indican claramente estos gráficos y estas cifras es que...

Cuarta reunión de la mañana del director general con el director de Recursos Humanos:

–Buenos días, Roberto. Estoy muy preocupado con todo lo que se nos echa encima: el ambiente está fatal, la gente está muy desmotivada, los sindicatos están presionándome muchísimo en la negociación del convenio y nos estamos gastando mucho dinero en formación en inglés y, la verdad, no sé muy bien si están aprendiendo algo o no. ¿Tú qué piensas?

Si nos ponemos en el lugar del director general de esta empresa, podemos ver con claridad la diferencia en la profesionalidad, ¡y en el trato que le va a dar al director de Recursos Humanos! Sin embargo, vamos a darle una segunda oportunidad a este directivo, y la conversación será ahora así:

Quinta reunión de la mañana del director general con el director de Recursos Humanos:

> –Buenos días, Roberto. Tengo aquí la tabla con la evolución mensual de las afiliaciones de los empleados al nuevo sindicato, en la que se ve que en dos meses más tendrán mayor representación que la suma de los anteriores sindicatos. Además hemos acabado el seguimiento trimestral de la encuesta de empleados y tengo aquí el gráfico de la evolución negativa de la satisfacción de los empleados con diversos elementos de la motivación. Finalmente hemos analizado los datos del porcentaje de comerciales que han firmado un contrato en inglés comparado con el año pasado antes de la introducción del nuevo sistema de formación en idiomas. La conclusión, como indican claramente estos gráficos y estas cifras es que…

En definitiva, las ventajas prácticas de tener un cuadro de mando integral en Recursos Humanos son las siguientes:

- Hablar con el mismo lenguaje que el director general y los demás miembros del equipo directivo, siendo uno más del equipo en el mismo.

- Explicitar la contribución de Recursos Humanos al éxito del negocio.

- Defensa de los ataques injustificados a Recursos Humanos por parte de la línea jerárquica.

- Argumento a favor de los nuevos objetivos y proyectos de Recursos Humanos.

- Evaluación del progreso y reenfoque de objetivos.

- Educar a la alta dirección en políticas de recursos humanos y su impacto en el negocio.

Ilustremos estos casos con ejemplos. Milán, 2008. El departamento de Recursos Humanos de una gran empresa italiana industrial y de servicio trabaja con normalidad. Frente a la pregunta de si hay algo que mejorar, no parece que haya nada preocupante más allá de seguir las indicaciones para el año en curso del director general para Recursos Humanos.

Sin embargo, desde la oficina central internacional se empieza a preguntar por el número de horas de formación recibidas por persona y año. Gran sorpresa: ¡a nadie se le había ocurrido sumar las horas de formación impartidas!

Segunda reflexión: ¿qué entendemos por formación? ¿Incluimos también la formación en internet que venimos impartiendo? ¿Incluimos también las horas de las personas que están haciendo MBA sufragados por la compañía? En caso de grupos, ¿hablamos de las horas impartidas o de las horas recibidas?

En definitiva, una vez puesto el ojo en un problema hay que definir con claridad el indicador, para estar seguros de que no comparamos peras con manzanas en cualquier análisis posterior.

Una vez realizado el ejercicio, se llega a la conclusión de que este indicador arroja un resultado de ocho horas por persona y año y así se comunica a la oficina central internacional con el orgullo del trabajo bien hecho.

Puesta esta información en el cuadro de mando integral para hacer análisis comparativo, se descubre con horror que Italia ocupa el último lugar en la clasificación de la compañía, pues los países comparables están en una media de 40 horas por persona y año, a una distancia brutal de las ocho horas de Italia.

O, dicho en otras palabras: uno, Italia no sabía lo que hacía y dos, al saberlo y compararse se ve inmediatamente que hay que mejorar una barbaridad.

Esta es una de las ventajas de cualquier tipo de medición y aplicarla a Recursos Humanos es, sin duda, una decisión inteligente.

Por tanto, la llamada de atención para un análisis en profundidad de la formación que prepare un plan de acción consistente es obvia. El paso de la acción sin norte a la medición y de esta al análisis comparativo nos permite pasar de la complacencia a la acción con un objetivo.

En este caso, se pone en evidencia que en Italia no se hacía ningún tipo de formación comercial ni ningún tipo de formación en gestión empresarial. ¡Ni los comerciales ni los gestores recibían ningún tipo de formación!

Después de poner en marcha el plan de acción y de su seguimiento cercano, en los siguientes tres años el indicador de horas de formación por persona y año aumentó gradualmente pasando por 15, 25 y llegando a 35 horas, situación que ya no requería de un plan de acción inmediato sino solo un seguimiento dentro de los indicadores de Recursos Humanos.

El cuadro de mando integral cumplió su objetivo y el director general no objetó el aumento de presupuesto del departamento de Formación al haber sido visualizado claramente el problema a través de indicadores oficiales de la compañía.

Madrid, 2000. El departamento de Recursos Humanos de una gran constructora recibe multitud de mensajes reprobatorios del estilo de: «se nos marcha la gente y no hacéis nada para impedirlo», «se me va un ingeniero de caminos mañana, subámosle el sueldo hoy para impedirlo», «tardáis muchísimo en seleccionar los puestos, se nos van más deprisa que lo que vosotros reponéis». ¿Qué hacer frente a semejante avalancha de críticas que ponen a Recursos Humanos en la picota?

El cuadro de mando integral es la solución, dado que permite objetivar los problemas, quitarles la carga emocional o de poder que pudieran traer y concentrarse solo en los esfuerzos por mejorar la situación.

- Primera etapa: midamos entonces el indicador de rotación voluntaria en la empresa y busquemos análisis de referencia externo para saber cuál sería un indicador aceptable al respecto. Una vez hecho, se descubre que la rotación voluntaria es del 22% y la del mercado comparable, un 5%. Ahora sí sabemos que, de verdad, tenemos un problema en la empresa.

- Segunda etapa: hagamos entrevistas de salida a todos los que abandonan el barco y realicemos un diagrama de frecuencias de las distintas razones por las que se van.

Todo ello lleva su tiempo, ni en Recursos Humanos ni en la empresa hay soluciones mágicas.

Una vez realizado el estudio, los datos dicen que es el estilo de dirección la primera causa de rotación (no el sueldo, de modo que aumentarlo no habría resuelto el problema, solo lo habría ocultado un tiempo).

Todavía peor, gracias al análisis se comprueba la regla de Pareto: la mayoría de las bajas en la empresa se producen en un solo Departamento. Cambiando al jefe de departamento, aplicando medidas disciplinarias (en negativo), poniéndole un *coach* (en positivo) podemos ayudar a resolver el problema con rapidez.

La respuesta al problema vendrá, por tanto, por la vía del entrenamiento de los mandos en gestión empresarial. Pongámoslo en marcha ¡ya! Esto no cambia la situación de inmediato, de modo que es urgente empezar hoy para obtener resultados mañana.

Barcelona, 2005. Una importante firma de cazatalentos *(head-hunting)* visita la empresa para vender un nuevo producto que resaltaba la importancia de la alineación de los principales directivos con la estrategia de la empresa. La primera reacción del director general fue manifestar que existía una completa alineación y que no sentía la necesidad de gastar un euro en algo que consideraba innecesario.

Sin embargo los consultores, aprovechando una reunión de un comité de negocios, le pidieron permiso para hacer un ejercicio. El ejercicio fue muy simple. Se entregaba una hoja de papel donde cada directivo tenía que hacer un listado con los principales valores de la compañía. El consejero delegado se quedó sorprendido con los resultados: cada uno escribió lo que le pareció y sin apenas coincidencia.

Cualquier estrategia de negocio emerge de un sentido claro de la misión y esta está impregnada de unos valores corporativos que le dan su fortaleza y sentido último. La estrategia empezaba fallando en lo fundamental.

Así, se les encargó a los consultores que hicieran un trabajo de alineamiento.

Madrid, 2007. La empresa no había empezado a medir el índice de absentismo por enfermedad y dado el tamaño y la dispersión geográfica de la misma, no se notaba nada raro. Cuando se empieza a medir y se encuentra un valor de 4,6% de absentismo por enfermedad, nadie parece alarmarse. Suena razonable.

Sin embargo, cuando la dirección de Recursos Humanos decidió cambiar el indicador desde un porcentaje global a medir el indicador como el número medio de días de baja por empleado y año para encontrar la bonita cifra de 17 días (media en 5.000 empleados), todo el mundo comprendió la necesidad de un plan de acción inmediato para revertir la situación. Sobre todo cuando, al obtener análisis de referencia de otras empresas del Grupo, el indicador estaba en siete días para la peor situación aparte de la de España (en Marruecos).

En otras palabras, para tener éxito manejando un cuadro de mando, hay que elegir bien los indicadores, de modo que demuestren claramente el impacto negativo o positivo que tiene en la empresa.

El plan de acción en este caso pasó por:

1. Aplicar estímulos grupales de refuerzo de la reducción del absentismo (que se autofinanciaban por la mejora de la productividad).

2. Analizar y corregir los casos individuales de abuso de confianza.

3. Cambiar la cultura de tolerancia hacia el abuso (con el consiguiente incremento de la carga de trabajo para los compañeros del ausente por enfermedad).

Con ello se consiguió revertir el problema, llevando el índice a nueve días de media (2,4%) y en camino de reducción.

Es de reseñar que, en este caso, se contó con la complicidad sindical, al incluir en el convenio colectivo un acuerdo sobre primas a la reducción del absentismo en la empresa, porque se les hizo entender que ello favorecía a todos los cumplidores que tenían que cargar con más trabajo debido a las ausencias.

El uso inteligente del cuadro de mando permitió detectar un problema, implantar un plan de acción y corregir una situación que perjudicaba a la empresa y de la que no se era consciente.

Madrid, 2010. ¿Qué pensar cuándo el indicador de tanto por ciento de mujeres en un compañía industrial española es del 8% y al hacer el proceso de comparación con otras compañías del mismo grupo se descubre que países como Turquía, Marruecos (12%) y Grecia (15%) o Portugal (14%) tienen porcentajes claramente superiores con culturas supuestamente menos favorables a la contratación de mujeres? Todavía más allá: ¿qué pensar cuándo en esta empresa hay menos porcentaje de mujeres en plantilla que en una institución tradicionalmente masculina como el ejército? Pues que, en este caso, la obligación legal de tener un plan de igualdad se convierte en la vergüenza torera de cambiar la situación. No hace falta mucho más para que el Equipo Directivo se sienta impulsado en la dirección correcta. Recursos Humanos ha hecho bien su trabajo.

La fuerza de la medición y de la comparación es brutal para ayudar a las empresas a caminar en la dirección adecuada y con la plantilla correcta, bien diversificada y bien comprometida con la cultura apropiada para afrontar los retos que el mercado exija.

8. El uso inteligente del cuadro de mando permite detectar un problema, implantar un plan de acción y corregir una situación que perjudicaba a la empresa y de la que no se era consciente.

11

Los equilibrios de Recursos Humanos para lograr su misión

La misión del Departamento de Recursos Humanos en cualquier empresa puede resumirse en una sola frase:

- Ayudar a la compañía a conseguir sus objetivos a través de la maximización del compromiso y del alineamiento de los empleados con el plan estratégico.

Frase que podemos desdoblar en acciones más concretas:

- Conseguir que la principal ventaja competitiva de la empresa sean los recursos humanos.

- Comprometerse con los empleados creando valor para todos, integrando, formando, desarrollando motivando e incentivando.

- Hacer que la empresa sea un proyecto ilusionante que cuente con la participación activa de todos.

No obstante, en la realidad de las empresas, y con más frecuencia de la deseada, para algunos directores de línea el objetivo de Recursos Humanos sería conseguir que la empresa tenga el menor coste posible en gastos de personal, de modo que se maximice el beneficio económico a final de año.

Conociendo esta diferencia de enfoques, para lograr ese objetivo tal y como se ve desde la función de Recursos Humanos, el director del departamento debe formar parte del equipo directivo, donde coincidirá con el director industrial, que tratará de sacar la mayor cantidad de producto de las fábricas; con el de calidad, que tratará de hacer que ese producto cubra las necesidades del cliente y las especificaciones legales aplicables; con el director comercial, que tratará de vender más y mejor; con el director financiero, que tratará de maximizar el beneficio a fin de año en la cuenta de resultados; y por supuesto con el director general, que se alza como árbitro en cuantos litigios surjan entre ellos en la operativa diaria, sin olvidar que es la persona que marca la estrategia a seguir a lo largo del año.

Por tanto, y de manera natural por la concepción del mundo de los negocios, a lo largo del tiempo, todos los directores de Recursos Humanos tienen que enfrentarse a conflictos con sus directores generales o con sus pares en el equipo directivo para conseguir los objetivos de cada área simultáneamente.

Repasemos algunos de los principales y más habituales conflictos, en los que el director de Recursos Humanos tiene que hacer equilibrios entre fuerzas opuestas:

1. Estrategia de empresa frente a «zapatero, a tus zapatos»

A lo largo de los últimos 20 años el mundo de los negocios en general y las empresas en particular han demandado a los directores de Recursos Humanos hacer el esfuerzo de entender el negocio, el producto, el mercado, las ratios financieras, la estrategia competitiva, etc., para ocupar un lugar en el equipo directivo de la compañía y participar con criterio en el foro donde se toman las decisiones críticas.

Así ha ocurrido mayoritariamente y la inmensa mayoría de los directores de Recursos Humanos conocen el negocio al detalle y casi todos ellos empiezan las conversaciones con otros profesionales hablando de su negocio para que el interlocutor entienda luego con claridad la relación entre los proyectos que se están poniendo en marcha en su departamento y la estrategia global de la compañía.

Sin embargo, lamentablemente, no siempre se ha dado el proceso inverso, que, aunque solo fuera por cortesía, hubiera debido producirse.

Los directores de Recursos Humanos entienden perfectamente a sus pares en el equipo directivo, pero muchos directores financieros, técnicos, generales, no han hecho un esfuerzo equivalente por entender la visión, la profesionalidad y la aportación de valor de este departamento a la empresa.

Es muy difícil encontrar directores que entiendan (sin una sonrisa escéptica) la necesidad de realizar evaluaciones del desempeño, analizar si la cultura de empresa dominante ayuda o dificulta la consecución de los objetivos, estudiar las dinámicas de un convenio colectivo, hacer planes de sucesión, diseñar planes de incentivos que refuercen con la intensidad adecuada el comportamiento correcto y alineado con los objetivos del año en curso, diseñar planes de comunicación interna que logren aumentar el compromiso de los empleados con el proyecto, etc.

Este fenómeno hace más difícil para Recursos Humanos cumplir sus objetivos, nos hace sentir más solos en el equipo directivo y muy probablemente ello está en el origen de los numerosos encuentros entre directores de Recursos Humanos a lo largo del año, en los que probablemente buscamos la acogida y la comprensión que no tenemos en nuestras oficinas.

Buscamos nuestro primer ejemplo en Lisboa, 2009. En todas las conversaciones de Recursos Humanos en la empresa se insiste en la dificultad de lidiar con el director financiero y su estilo directivo. Debatido el tema oficialmente con la dirección general, se decide en primer lugar invitar a dicho director a participar en un carísimo programa de desarrollo de capacidades directivas. Después del primer día de cinco en los que contiene el programa, éste decide que tiene cosas más importantes a que dedicarse. El director general no interviene.

Un tiempo más adelante, y ante la ausencia de cambios en la línea de desarrollo deseada, la empresa decide poner un carísimo *coach* al servicio del director financiero. Después de la primera sesión de las diez contratadas, este decide que tiene cosas más importantes a que dedicarse. El director general no interviene.

La situación sigue como estaba cuatro años más tarde.

En definitiva, las mejores herramientas y los mejores procesos no funcionarán nunca si la línea jerárquica, y muy en particular el director general, no entienden y apoyan el criterio de Recursos Humanos en los momentos críticos.

Una segunda dificultad, todavía más difícil de manejar, se produce cuando, dada la visión estratégica del director de Recursos Humanos, este aporta ideas al equipo directivo para salir de las distintas situaciones de mercado, ideas que son innovadoras pero que chocan con la forma de pensar de alguno de los otros miembros del equipo directivo.

Un ejemplo típico lo encontramos cuando algún miembro del equipo directivo enseguida descubre que reduciendo la plantilla o los sueldos o los incentivos o los planes de formación se puede cumplir el presupuesto del año sin romperse la cabeza en otras cosas.

Casi siempre el director de Recursos Humanos, ahora con su visión estratégica, argumenta que si se desarrollan nuevos y mejores productos invirtiendo en I+D hasta encantar al cliente, se incrementan los incentivos en aquellas líneas de venta que dan más margen a la compañía, se apuesta por la exportación y se aumenta la penetración en el mercado de los productos de la empresa, argumentando mejor sus ventajas competitivas, en definitiva si se trata de incrementar los ingresos y no solo de reducir los gastos, se puede salir de la crisis sin tener que desencantar, o hacerlo solo en la dosis razonable, a la plantilla poniendo en enorme riesgo la fórmula del todo suma (1+1=3) para pasar a ser 1+1=1,5, con el riesgo de que se vayan los buenos a la menor oportunidad.

Eso sí, optar por este camino es más difícil que reducir gastos
sine díe.

París, 1996. La situación del director de Recursos Humanos para
ganar esta batalla recuerda la final femenina de Roland Garros
de 1996 en la que Steffi Graf, manifiestamente superior desde un
punto de vista tenístico, se enfrentaba a Arancha Sánchez Vicario,
menos brillante, con menos títulos pero con más hambre de victo-
ria, que, sabiendo que estaba ante la oportunidad de su vida, corría
como loca de un lado a otro de la pista, llena de energía, rebosan-
te de compromiso, hasta que, a un milímetro de la extenuación,
Arancha se proclamó vencedora. Todavía hoy se puede encontrar
esta gesta en YouTube.

Una persona comprometida, de alto rendimiento, puede conseguir sacar cualquier reto adelante, incluso ante las peores circunstancias.

Corea del Sur, 2012. Un clásico supermercado decide innovar radicalmente, incluso operando en un mercado enormemente ma-
duro y estable como es el de la alimentación. Apuestan por pegar
en las paredes del metro enormes murales con las fotos en tamaño
real de las distintas secciones de su supermercado, de tal manera que los clientes, mientras esperan el transporte, sacan con sus
móviles una foto de los productos que desean comprar, pagan su
factura a través del móvil y el supermercado les entregará su cesta
de la compra a domicilio.

Esta innovación ha supuesto para el supermercado un aumento es-
pectacular de sus ventas, de sus beneficios, y no tener que reducir
su plantilla. En un momento de crisis, la compañía apostó por su
departamento de Sistemas para que inventara algo diferente. Es
más difícil, es más arriesgado, es un enfoque inesperado, pero han
triunfado.

Dubái, 2012. Vuelo de regreso hacia España de Arabia Saudí. Este
país ha decidido la creación en mitad del desierto de nuevas ciudades conocidas como *economic cities* [ciudades económicas], la

más importante de las cuales es la que llaman *King Abdullah Economic City*. En lo que hoy es un desierto, en 2020 tiene que haber una ciudad de dos millones de habitantes. Se puede uno imaginar el negocio masivo que va a generar de construcción y edificación, restauración, hoteles, educación, servicios, alimentación…

En el vuelo de vuelta mencionado, coincido con dos españoles que regresan de hacer negocios en Arabia Saudí. Son marmolistas de Alicante que, frente a una situación de crisis local, y gracias a que uno de los socios habla fluidamente inglés y ha tenido la curiosidad de saber cuántas oportunidades de negocio había en Arabia Saudí hoy se están haciendo de oro ¡y necesitan más plantilla! No en vano, gran parte del mármol que se utilice en las nuevas ciudades económicas vendrá de Alicante.

En definitiva, en momentos de dificultad en la empresa puede haber un enfoque que considere a los recursos humanos como un gasto que hay que reducir y entonces con frecuencia se presiona al director del departamento a hacer bueno el dicho de «zapatero a tus zapatos», con el enorme riesgo que ello tiene para el largo plazo de la empresa; pero también puede haber un enfoque que comprometa a los empleados de la empresa a innovar y trabajar juntos por la salida de las dificultades.

Muchos directores de Recursos Humanos han abandonado sus compañías debido a este conflicto entre la estrategia y la presión de que el departamento se dedique a aplicar recetas aparentemente fáciles pero que inciden claramente en que no todo sume para el éxito de la empresa

Si las empresas han enseñado a los directores de Recursos Humanos a ser estratégicos, debemos serlo en todo momento y circunstancia, no solo cuando las cosas van viento en popa.

2. Beneficio empresarial frente a inversión en capital humano

Un conflicto típico que se presenta en la mesa del director de Recursos Humanos es de apariencia puramente económica: si anulamos por completo los sistemas de incentivos, los planes de formación, las fiestas de Navidad, la inversión en responsabilidad social corporativa, etc., verdaderamente ahorraremos una increíble cantidad de dinero al final de año, contribuyendo notablemente a mejorar la cuenta de resultados anual.

Hay infinidad de ejemplos de empresas que presionan al director de Recursos Humanos en esa línea argumental, incluso sugiriendo que, si no la acepta, demostraría que no es verdad que tenga una visión estratégica de la compañía.

Es obvio que reduciendo los gastos de Recursos Humanos se mejoran las cuentas al final de año, pero con un coste brutal en relación a la plantilla, entre otros:

- La plantilla pierde confianza en el plan estratégico de la compañía.

- La plantilla pierde confianza en el equipo directivo y en particular en su director general.

- Aumenta el número de empleados que trabajan en la empresa porque no tienen más remedio, no por compromiso con un proyecto.

- Aumenta el número de agazapados, quienes trabajan lo menos posible a la espera de una oportunidad en otra empresa.

- Disminuye el orgullo de pertenencia.

Con mucha suerte $1+1=1,5$ y seguro que no estamos solo sumando...

Dicho en general, si una empresa deja por completo la inversión en su capital humano, es altamente probable que no pase nada a corto plazo, pero con seguridad se resentirá y recuperar la situación anterior llevará un mínimo de seis años… y el equipo directivo se preguntará entonces qué pasa con su equipo, que no se pone las pilas

La inversión en Recursos Humanos es estratégica; claro que puede revisarse, como cualquier otra inversión, pero debe hacerse con sumo cuidado y, como siempre, no reducir en absoluto todo lo relacionado con el plan estratégico de la compañía.

De nuevo lo veremos mejor con un caso práctico. Madrid, 2008. Una inmobiliaria decide congelar los aumentos de sueldo, no aplicar ningún sistema de incentivos ni de bonificaciones, no profundizar y si es posible retirar todos los beneficios sociales para empleados.

El día después aparentemente en la empresa no pasa nada en particular, no hay conflictos abiertos ni ningún indicador de alarma encendido (como podría ser la rotación voluntaria), pero cuando, años más tarde, se hacen grupos de discusión con empleados sobre su percepción de la empresa, se evidencia su percepción de que hay una carencia absoluta de factores higiénicos de la motivación. Es decir, que los empleados están sumamente insatisfechos, enfadados; no se sienten recompensados, ni reconocidos, ni discriminados positivamente, aunque sea en menor cuantía que en los buenos momentos, por sus contribuciones a la salida de la crisis… Sin embargo, se quedan a trabajar en la empresa gracias al hecho mismo de tener trabajo en un momento de ausencia de ofertas de empleo fuera de la misma y al compromiso con la profesionalidad.

En definitiva, una situación arriesgada para la retención del talento y del conocimiento en la empresa.

Tan malo es para la empresa seguir la recomendación tradicional de los sindicatos de dar café para todos como la de algunas direcciones generales de congelar los sueldos para todos. Si queremos tener gente comprometida y una empresa sana es preciso discriminar en las recompensas en todas las circunstancias de la vida de la empresa.

Madrid, 2011. La compañía gasta 250.000 euros en incentivos comerciales anualmente. Hay dos posiciones en el equipo directivo para hacer frente a la crisis: el director comercial sostiene que hay que reducir los gastos en incentivos igual que todos los gastos de la compañía, mientras que el director de Recursos Humanos defiende que hay que incrementar muy fuertemente los incentivos comerciales para impulsar al equipo de ventas hacia el aumento de la penetración de los productos de la empresa en el mercado y que el aumento de las ventas autofinanciará el aumento del gasto en incentivos haciendo rentable la operación.

La empresa decide aumentar de 250.000 a 265.000 euros el presupuesto anual de incentivos comerciales. Al cabo de un año, los comerciales no parece que hayan percibido la diferencia motivacional entre recibir 1.000 euros o 1.060 euros de incentivo (la diferencia promedio por cada 1.000 euros de incentivo entre el antiguo y el nuevo presupuesto) y no se produce ningún incremento en las ventas.

El director comercial concluye que es imposible vender más en esta situación y que, al menos, hemos reducido el gasto en incentivos contribuyendo a tener más beneficios a través de la reducción de los gastos. Sin embargo, el director de Recursos Humanos concluye que se ha perdido una gran oportunidad de conseguir más ventas a través de comprometer y recompensar más al equipo, contribuyendo a tener más beneficios a través del aumento de los ingresos.

3. Ética frente a beneficio

Otro conflicto habitual lo encontramos cuando una de las personas clave en conseguir resultados (ventas, contratos…) presenta un comportamiento poco ético. Cuando el empleado tiene una contribución media, su mal comportamiento es más sencillo de resolver: no suele haber problema, todas las empresas toman medidas disciplinarias acordes con la falta cometida. Pero cuando el problema se presenta en personas con un rendimiento superior, se pone a prueba la solidez de los valores y de las convicciones de la empresa.

Muy a menudo se protege a estas personas por los beneficios económicos que proporcionan a la empresa, sin reparar en el daño que hacen a la credibilidad de la compañía en general, y desde luego a la fórmula de que todo suma (1+1=3).

Esta fórmula es muy fácil de conseguir si se siguen las buenas prácticas explicadas en este libro, pero también muy fácil de no lograr si la dirección no es congruente y coherente con los valores de la misma.

En otras palabras, siempre es mejor decisión a largo plazo prescindir de una persona no ética que mantenerla en su puesto por los beneficios económicos a corto plazo que genera.

Muchos directores de Recursos Humanos han tenido que afrontar esta situación en la que, con frecuencia, son los que mantienen la posición difícil de decidir disciplinar a quien es considerado una vaca sagrada.

4. Obediencia frente a rebeldía

¿Cuál es el punto justo en el que hay que quedarse cuando se discute con el director general? ¿Tiene el director de Recursos Humanos que aceptar todo lo que este propone, sin debate? ¿Hasta qué punto debe llegar el director de Recursos Humanos a la hora de intentar convencer al director general? ¿Cuánto riesgo debe correr el director de Recursos Humanos con su director general, incluso de ser despedido, por ser el mensajero de otros enfoques alternativos? Este es uno de los conflictos habituales de Recursos Humanos con la dirección general para el que no hay recetas, solo profesionalidad por ambas partes.

Podemos afirmar que la sensación dominante en épocas de crisis económica es que se están poniendo en cuestión los planteamientos que Recursos Humanos viene haciendo para lograr el compromiso de los empleados con la empresa y que las direcciones de Recursos Humanos están siendo en general más obedientes que rebeldes frente a la dirección general, quizá por miedo a salir de la empresa y quedarse sin trabajo.

La recomendación es clara: merece la pena intentar que en nuestra empresa todo sume y convencer al director general de mantener todas las ideas desgranadas en este libro con ese fin. Se ahorrará un poco menos en Recursos Humanos, pero la plantilla lo agradecerá saliendo antes de la crisis y no abandonando el barco cuando lleguen mejores tiempos, justo cuando necesitaremos de su experiencia, su talento, su saber hacer y su compromiso para afrontar los retos del futuro.

Resumen

1. La misión del departamento de Recursos Humanos es ayudar a la empresa a conseguir sus objetivos a través de la maximización del compromiso y del alineamiento de los empleados con el plan estratégico.

2. De manera natural por la concepción del mundo de los negocios, a lo largo del tiempo, todos los directores de Recursos Humanos tienen que enfrentarse a conflictos con sus directores generales o con sus pares en el equipo directivo para conseguir los objetivos de cada área simultáneamente.

3. Los directores de Recursos Humanos entienden perfectamente a sus pares en el equipo directivo, pero muchos directores financieros, técnicos y generales no han hecho un esfuerzo equivalente por entender la visión, la profesionalidad y la aportación de valor de Recursos Humanos a la empresa.

4. Las mejores herramientas, los mejores procesos, no funcionarán nunca si la línea jerárquica, y muy en particular el director general, no entienden y apoyan el criterio de Recursos Humanos en los momentos críticos.

5. Si las empresas han enseñado a los directores de Recursos Humanos a ser estratégicos, estos deben serlo en todo momento y circunstancia, no solo cuando las cosas van viento en popa.

6. Tan malo es para la empresa seguir la recomendación tradicional de los sindicatos de dar café para todos como la de algunas direcciones generales de congelar los sueldos para todos.

7. Si queremos tener gente comprometida y una empresa sana es preciso discriminar en las recompensas en todas las circunstancias de la vida de la compañía.

8. Siempre es mejor decisión a largo plazo prescindir de una persona no ética que mantenerla en su puesto por los beneficios económicos que genera a corto plazo.

9. La sensación dominante en situaciones de crisis económica es que se están poniendo en cuestión los planteamientos que Recursos Humanos viene haciendo para lograr el compromiso de los empleados con la empresa y que las direcciones de Recursos Humanos están siendo en general más obedientes que rebeldes.

12

**Para lo bueno y para lo malo,
somos personas**

Ya hace mucho tiempo que el trabajo no consiste en aquello de «ganarás el pan con el sudor de tu frente». En primer lugar, porque las condiciones de trabajo son claramente más ergonómicas hoy en día en relación con la limpieza e higiene del puesto de trabajo, la temperatura, la iluminación, etc.

Pero más importante que eso: el trabajo ya no se concibe como un sacrificio (aunque obviamente requiere la realización de un esfuerzo físico y mental) o como la forma de ganarse la vida para recibir la compensación económica que nos permita pagar las facturas a fin de mes, sino como un espacio de realización personal.

El trabajo supone para la persona tener algo que hacer por la mañana al salir de casa, usar sus capacidades intelectuales y físicas para elaborar un producto o proporcionar un servicio útil para la sociedad, tener relaciones sociales con otras personas que comparten con ella muchas afinidades, sentirse importante por la contribución a un mundo mejor que uno hace; supone marcar la referencia del grupo social con el que se siente identificado, el estatus social en el que vive y en el que es percibido por su familia, amigos y por la sociedad en general; y, finalmente, marca en una gran medida el grado de autoestima personal.

Tener trabajo es una enorme fortuna que permite a la persona sentir en su piel, en su corazón, en su cabeza, que es una persona válida para ella misma y para la sociedad.

No tener trabajo es muchísimo más grave que no tener ingresos a fin de mes. No tener trabajo impacta en todos y cada uno de los elementos mencionados anteriormente y tiene un efecto enormemente destructivo en la psicología del que lo sufre.

Desde el punto de vista del impacto psicológico de la ausencia de trabajo, las políticas deberían orientarse a mantener el máximo nivel de ocupación laboral (siendo desde este punto de vista menos importante el nivel retributivo) y dificultar al máximo la destrucción de empleo coyuntural.

Para intentar visualizar el impacto del trabajo en la persona, en este capítulo hemos optado por hacerlo en forma de dos relatos breves que tratan de explicitar los sentimientos y las emociones que genera tener o perder un trabajo, en vez de recurrir a anécdotas profesionales en distintos lugares del mundo.

«Dime que me quede contigo»

Viernes, 8 de la mañana. Hoy vengo todavía con más ilusión que ningún otro día. He llegado a la oficina con muchos nervios: hoy finalizan mis prácticas como becaria. ¿Qué pasará? ¿Me harán fija por fin?

Si repaso mis seis meses aquí, es verdad que he metido la pata alguna que otra vez, pero bueno, es normal debido a mi falta de experiencia en una gran compañía. Pero también es cierto que he llegado siempre puntual, he realizado todo el trabajo que me han pedido y he mostrado siempre una actitud positiva de colaboración, y, por qué no decirlo, he cuidado mucho mi aspecto físico.

A pesar de todo, no se me pasan los nervios. ¿Se habrá dado cuenta Jaime, el jefe, de todo esto? Lo dudo, siempre está tan ocupado que para nada se va a fijar en lo que hace una becaria.

Aunque por otro lado, sí parece estar pendiente de todo lo que pasa en el departamento de Recursos Humanos. ¡Transmite una energía! No falla, cada mañana llega puntual a la misma hora y revoluciona el área con su presencia. No sé cómo lo hace pero te carga las pilas inmediatamente.

La verdad es que me encantaría poder seguir en este trabajo. No puedo comparar sus dotes de liderazgo con la de otros jefes, porque solo he trabajado en otra compañía pequeña, pero alguien que es capaz de sacar lo mejor de un empleado y tenerlo motivado es una suerte. ¡Ojalá me pueda quedar aquí! ¡Sé que aprendería un montón! ¡Quiero seguir aquí!

Ya son las 12 y Jaime aún no me ha dicho nada. También es verdad que no ha parado desde que ha llegado y evidentemente yo no soy una de sus prioridades.

Me cuesta concentrarme, no acabo de entender muy bien la relación entre el fichero que estoy rellenando esta semana con los DNI de miles de empleados que quieren hacer un curso de formación de no sé muy bien qué con lo que nos dice Jaime en las reuniones del departamento sobre la misión de Recursos Humanos en la empresa. Lo cuenta de una manera que lo único que te apetece es formar parte de estos proyectos.

12.05, el jefe me llama. ¡Estoy hecha un flan! ¡Espero que no lo note!

¿Qué haría yo si fuera él? Uf, mejor ni me lo planteo: lo hecho, hecho está.

Abro la puerta de su despacho, llegó el momento:

    —¡Jaime, dime que me quede contigo!

«Ese fatídico momento»

Repasando el informe de ventas del mes en España, encuentro en total un 5% menos comparado con el año anterior,

¿Qué demonios pasará en Castellón, donde bajan 15% y todos los planes de acción que hemos puesto en marcha no parecen valer para nada? ¡Como que me llamo Juan Ureña que este año llego a cubrir el presupuesto! ¡Después de 20 años que hago la semana que viene en la empresa, no puede ser este el primero que le falle a Fonso!

Anda, y en Oviedo un 16% menos. Si parecía que la promoción iba funcionando bien, vendíamos un montón aunque no ganábamos apenas nada… No lo entiendo.

¿Pero qué es esto? En Jaén un incremento del 24% de ventas este mes. ¿Será verdad que este Jose Alberto, tan recién salido del MBA, va a traer buenos resultados? Yo le veo superverde todavía, no te digo que me preguntó el otro día después de la teleconferencia de seguimiento de ventas semanal que cómo calculábamos el activo circulante y el flujo de caja de las operaciones en su región. ¿A quién se le ocurre? ¡Esos cálculos en esta empresa! Que trabaje y aprenda. Pero mejor si le pongo un correo electrónico y le pido que me mande un informe de las razones de semejante aumento de ventas.

Y vamos a ver cómo va la exportación ¡Guau! Turquía sube un 15% ¡Pues vaya con los turcos, que me van a salvar el año!

Suena el teléfono.

–Dime, Patricia.

–Don Alfonso Gerváez quiere verle de inmediato.

–¿Fonso? Qué raro a estas horas.

—Vale, voy ahora mismo, Patricia. Por cierto, ¿qué tal la gripe de tu niña?

—Bien, gracias, señor Ureña. Ya no tiene fiebre y mi madre se ha podido quedar hoy con ella en mi casa.

—Me alegro, Patricia. Gracias por haber venido a pesar de la enfermedad de tu hija. La teleconferencia de hoy es importante y sin ti no sé cómo conectarme.

¿Qué querrá Fonso ahora? ¿Habrá visto como yo el informe de ventas y me pedirá planes de acción para Castellón y Oviedo y se le olvidará darme la enhorabuena por Jaén y por Turquía, como siempre? Si no, no se me ocurre qué quiere hoy.

—Juan, ¿cómo estás?

—Bien, Fonso, analizando los resultados de ventas y preparando la teleconferencia de dentro de una hora.

—Pues ya no te preocupes por ello.

—¿Y eso?

—Pues Juan, tengo comunicarte que la compañía ha decidido prescindir de tus servicios desde hoy.

—¿He oído bien? ¿Ha dicho que me despide? ¿Estará de broma? ¿Y qué hago yo con la teleconferencia de hoy? ¿Y cómo se lo digo yo a mi mujer y a los niños? ¿Despedirme después de 20 años? No puede ser posible. ¿Cuánto dinero puede significar eso? Por lo menos 100.000 euros… ¡Pero qué narices! ¿De qué va esto?

—Fonso, ¿de qué vas? No estoy para humor negro, tenemos una teleconferencia de seguimiento de ventas y estoy preocupado con Castellón y con Oviedo, para que tú me toques las narices ahora.

—Juan, te acabo de decir que no te tienes que preocupar más: las ventas van mal y necesito poner a otro director de Ventas. Tienes que dejar la empresa hoy.

Parece que he oído bien: Fonso me está despidiendo. Las ventas van mal, ¡pero si solo vamos un 5% por debajo por primera vez en la historia! ¿Esto de qué va? ¿Y qué va a pensar Patricia? ¿Cómo se lo va a tomar mi mujer? ¿Y qué hago yo en casa solo a los 56 años? Querrán encima regatearme la indemnización, ¡no puede ser posible! Fonso es incapaz de hacerme esto; es duro como jefe pero aunque, lo haya hecho con otros, conmigo es incapaz después de 20 años juntos: él no es nada sin mí.

—Fonso, dime que estás de broma: no puedo creerme que por una bajada del 5% me despidas después de 20 años.

—Juan, debes dejar el despacho hoy mismo y cederle el sitio a José Alberto, el jefe de ventas de Jaén, ya le conoces. Y no te preocupes por el dinero: no podemos llegar al máximo legal pero espero de ti la misma lealtad de siempre aceptándolo sin demandarnos. Contarás siempre con mi amistad y mi apoyo, ya sabes.

No puedo creerlo, José Alberto. ¡Pero si es un niñato al que le faltan quince años para toserme! ¡Dejarlo hoy! Pero, ¿y la convención del mes que viene? ¿Cómo no voy a ser yo quien la presente? ¡Y además quiere regatearme el dinero! ¿Pero esto de qué va? ¿Y cómo pago yo el máster de mi hijo en Estados Unidos? ¿Y mis bodas de plata? ¡Ahora no podré celebrarlas!

—Fonso, no sé qué decirte.

—Juan, no hace falta que digas nada. El jefe de personal te acompañará a recoger tus cosas y ya hablamos en otro momento. Tranquilo.

Esto va en serio. Pues te vas a enterar de quién es Juan Ureña, yo, que conozco a todos nuestros competidores y con lo que yo sé de esta empresa.

–Fonso, déjame solo el tiempo de hacer tres llamadas y haré lo que me pides.

–Sin problemas, Juan, gracias por tu comprensión.

Mi compresión, ¡ja! Primera llamada a mi mujer, segunda a mi abogado y tercera al director general de la competencia. ¡Ah! Y cuarta, mi abogado a la mujer de Fonso para explicarle con detalle qué pasó el día que me llevó al Barrio Rojo de Ámsterdam.

Resumen

1. Ya hace mucho tiempo que el trabajo no consiste en aquello de «ganarás el pan con el sudor de tu frente», sino en un espacio de realización personal.

2. Tener trabajo es una enorme fortuna que permite a la persona sentir en su piel, en su corazón, en su cabeza, que es una persona válida para ella misma y para la sociedad.

3. No tener trabajo es muchísimo más grave que no tener ingresos a fin de mes.

4. Las emociones positivas y negativas ligadas al trabajo son de una intensidad altísima y normalmente marcan la vida de una persona por muchos años.

5. Tener habilidad para fomentar que los empleados tengan emociones positivas en el trabajo y guante de seda para lidiar con las emociones negativas es una condición imprescindible para lograr el compromiso de los trabajadores actuales, futuros y pasados en el proyecto de la empresa.

RRHHDigital
EL PRIMER PERIÓDICO ONLINE DE RECURSOS HUMANOS

alento, management, coaching
empleo, formación, liderazgo,
social-media, laboral, empresa
actualidad, legal, selección...

MÁS ALLÁ
DE LA PALABRA ESCRITA

Autores que te hablan cara a cara.

Descubre LID Conferenciantes,
un servicio creado para que las empresas
puedan acceder en vivo y en directo
a las mejores ideas, aplicadas a su
entorno por los más destacados
creadores del pensamiento empresarial.

- **Un espacio donde sólo están
  los mejores para que sea fácil seleccionar
  al conferenciante más adecuado.**

- **Un sitio con todos los datos y vídeos para
  que estés seguro de lo que vas a contratar.**

- **Un punto lleno de ideas y sugerencias
  sobre las cuestiones más actuales
  e interesantes.**

- **Un marco para encontrar directamente
  a los grandes ponentes internacionales.**

- **El único servicio de conferenciantes
  con el saber hacer de unos editores
  expertos en temas empresariales.**

- **La red de los mejores especialistas
  en empresa que cubre España
  e Iberoamérica.**

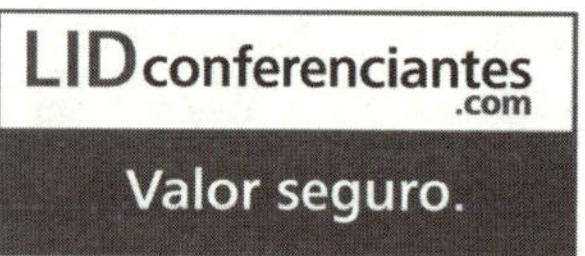

20 años

NOS QUEDA MUCHO POR HACER

- 1993 Madrid
- 2007 Barcelona
- 2008 México DF y Monterrey
- 2010 Londres
- 2011 Nueva York / Buenos Aires
- 2012 Bogotá